JN025294

未来病院プロジェクト

生き残るための
経営知識・
診療報酬改定
への対応

牛越博文【著】
Ushikoshi Hirofumi

中央経済社

　医療経済の目的は，医療スタッフの個々の能力が組織の中で十分に発揮されるということです。

　いまヨーロッパにいて，とりわけ深く実感することがあります。

　街では，日本のアニメや食文化が絶賛されています。美術館ではゴッホの隣に浮世絵が展示されています。ストックホルムにあるノーベル賞の博物館では，川端康成先生の映像が大きく紹介されています。日本人はなんて繊細で創造力に満ちた国民なのでしょうか。

　しかし，日本の組織となると，日本国内ではあまり実感されないかもしれませんが，海外ではかなり評価が低いです。談合や同調圧力が常識で，個性を潰していると指摘されています。経済団体に集う日本の経営者は昭和の出世すごろくで，うまく立ち回っただけの能力しかありません。実際，日本の国際競争力は落ちていく一方です。経営者だけではありません。授業料の割に日本の大学（学者）の世界ランキングは低すぎます。日本の組織の不正を報道し続けるイギリスのBBCは，いつから日本の主要メディアになったのでしょうか。

　医療でいえば，国際的に低い診療報酬とりわけDPCのような制度が，個々の医療スタッフの優れた才能を潰しています。そういう意味では，診療報酬は日本の談合体質の賜物です。日本の医療は世界的にレベルが高いと信じられていますが，こちらにいるとそれも違うことがわかります。ヨーロッパでは助かる命も日本では助からないことも多くあります。たとえば，私たちの命を救う新しい薬のほとんどが欧米発であることからもそのことがわかりませんか。DPCなどの診療報酬の制度自体ではなく，水準が低すぎ，経済的な余裕がなく，イノベーションが起こらないことが問題なのです。

　あと数年も経たないうちに旧来の医療ビジネスモデルは崩壊し，新しいビジネスモデルの病院，未来病院しか生き残れなくなります。コロナ禍がきっかけになりました。「患者本位」を謳っている病院が全然患者本位ではありませんでした。

　まずは既得権益の談合体質（仲間意識，ムラ社会）から脱却しないといけません。談合大国日本は恥ずかしい限りです。オリンピックでその実力を発揮し世界から注目されましたが，それ以外の多くの部分でも談合が行われています。

　2024年は変革の始まりの年です。診療報酬，介護報酬，障害福祉サービス等報酬の同時改定の年であり，制度が大きく改正される年です。新しい医療計画も始

まる年です。医師の働き方改革が本格化し，孤独・孤立対策推進法も施行されます。

　最初に申し上げておきますと，診療報酬についてですが，もともと低いのにこれ以上下げたら日本はもう終わりです。

　この本は，以前に書いた『医療経済学入門』（岩波書店）の実践版です。医療経営における知識を経済学の視点で説明します。医療を臨床と経営に区分するとすれば経営の部分です。未来病院におけるすべての医療スタッフに不可欠な経営知識について取りまとめました。

　経営者でもないのに経営知識など必要ないのではないのかという人もいるかもしれません。その考え方自体がもはや古いのです。

　この本を書くきっかけになったのはコロナ禍です。コロナ禍は医療のあり方に多くの重要な教訓を残しました。とりわけ医療経済学の視点で，看過できない課題を浮き彫りにしました。何も起こらなければ，人は誰しも自分の常識に疑いを持たないのです。思い込みで生きていますから。

　医療スタッフのためのこれからの経営知識も本質が見えてきました。何がほんとうに必要な経営知識なのかが見えてきたのです。

　コロナ禍を振り返って「初めてのことだったので」などと言っている人もいますが，言い訳にもなりません。人間や社会は複雑系ですから，もともと何が起こるかわからないはずです。

　この本に限っては，忖度なしに事実とそれに基づいた見解を書きます。後世の読者に失礼がないように。誰かを批判しようなどとは少しも思っていません。医療経営の改善を願うだけです。

　適切な経営によって，私たちの効用（幸福度）も最大になります。私たちの余命を伸ばすのが医療なのです。余命と聞けばどこかマイナー調で物悲しいのですが，限られているので命や時間は価値があるわけです。世界のさまざまな資源は限られているので価値があり，価格が付きます。医療資源も同様です。とりわけ給与が重要です。

　世界的にコロナ禍が明け，英国エリザベス女王が世を去った頃の話です。タクシーがロンドン市内の公立病院の前に差し掛かったときです。プラカードを手に掲げた一団に出会いました。持っているプラカードで，看護師の給与増を求めたストライキであることがわかりました。

　看護師がスト？　と一瞬目を疑いました。前代未聞の出来事です。よほどのこ

となのでしょう。たしかにその頃，ロンドンの物価は異様に高かったです。物価に合わせて十分に給与が上がっていないということです。医療資源には正当な報酬が必要なのです。給与は未来への投資です。

とりわけコロナ禍では医療スタッフには自己犠牲のイメージがつきまといました。非常事態だったからです。コロナ禍が明けてようやく正常になってきたときに，自己犠牲は持続しないことに気づいたのです。

では，日本はどうでしょうか。

ことは，英国より深刻です。

最近，ロンドンにしばらく滞在していて，日本人はいつからこんなに貧しくなったんだろうと実感することが多くなりました。日本にいてはあまり実感しないのですが。数十年前，ロンドンに長らく暮らしていましたが，その頃の日本人と明らかに違います。

ロンドンの街で見かける日本人自体が相対的に貧相に見えます。特に若い元気な（購買力のある）日本人を見かけることが少なくなったような気がします。

ブランドショップや高級デパート・レストランで見かける日本人はもはや，熱烈歓迎される客ではないようにも感じます。新作の商品や景色のよい席に真っ先に案内される様子も少なくなったような気がします。

これは，日本人の所得が相対的に低くなったということです。

交易条件の悪化で所得が海外に流出しているということもありますが，最大の原因は生産性の低さです。とりわけ顕著なのは，GDPを相応に占める医療の生産性の低さです。

私が，アナザースカイともいえるロンドンに再び来たのは経済学を改めて考えるためでした。ロンドンは経済学の中心地でもあるのです。

以前ロンドンで生活していたとき，20世紀も末に近づいた頃でしたが，日本人はかなり豊かでした。いわゆるバブル崩壊があったときも，ロンドンにおりましたが，バブル崩壊後も日本人は総じてまだ豊かだったと思います。

それからしばらくして，ロンドンでお世話になった森嶋通夫先生が，このままだと日本が没落するとおっしゃって，それから20年以上経ってほんとうにそうなったわけです。

経済学の基本は，貧困から抜け出ることです。医療経済学もそういうことです。人間社会の悲劇が貧困から生じることは誰も否定しません。貧乏は嫌だ。ほんとうです。

振り返ればここ数十年日本人の給料はほとんど上がっていません。海外との格差はどんどん広がっています。

誰が悪いのでしょうか。「昭和の出世すごろく」のような組織でうまく立ち回れるだけの才能しか持たない経営者でしょうか。組織で仲間内で自由な発想を抑圧し合っている付加価値の低い従業員でしょうか。児童虐待など核心的な不正を隠蔽しながら，格安を特集し給与を下げさせ続け，いつも人心浮薄（座右の書，西郷南洲翁遺訓第十ヶ条「……人心浮薄に流れ，結局日本身代限りの外有る間敷也」より）に便乗するメディアでしょうか。オリンピックを経ていまや世界的に有名な談合体質の経済界でしょうか。世界ランキングは低いのに高い給料をもらっている学者でしょうか。一つ覚えで粘り強すぎる金融緩和で株価ばかり上げて，潜在成長率を上げられない政府・日銀（いまや日本国債引受銀行）の政策でしょうか。

誰がこんな国で子供を産む気になりますか。貧困で身体を売らないと授業料を払えない学生がどれだけいると思っているのですか。

すべての点で医療経済が同じ問題を抱えています。

いつまでもコスト抑制ばかりに目がいき，生産性を上げられない病院経営をめぐる制度，貴重な自己犠牲でがんばり続けてはいるものの，どこか上から目線で勘違いをしている病院スタッフ，かつて特攻隊員を軍神と称えたように，コロナ禍の医療スタッフの自己犠牲を称え続けた無責任・浅薄報道のメディア，保身を優先し，新参者をいじめ，談合が得意技の既得権益，在院日数が長くなるのをおそれ，患者をとにかく早く追い出そうとする狂信的なDPC信奉者，専門家というか，いっていることが的外れなだけの学者，物価が上がって消費が落ち込む「成長と分配の逆循環」なのに，異次元の粘り強すぎる政策担当者。

いつからこんなに日本は不安だけが募り，生きづらい国になったのでしょうか。

なお，本書で意見に係る部分は，現在所属する組織の見解ではなく，当該組織とは全く関係はありません。

浅学菲才でありますので，読者の方の忌憚のないご意見をいただけましたら幸いです。

2024年1月

ロンドンにて

牛越博文

第 2 章　コロナ禍で顕現した「未来病院」　　119

第 3 章 未来病院プロジェクトの展望　　175

第1章

消滅する病院，生き残る病院

　2024年は変革の始まりの年です。医療・介護・福祉のトリプル改定の年です。新しい医療計画も始まる年です。医師の働き方改革が本格化し，孤独・孤立対策推進法も施行されます。高齢者虐待防止法で介護分野で指針作成などが義務化されます。

　診療報酬については，消費税率を上げたときもそうでしたが，補助金で給与増とかを図るつもりかもしれません。そのほうがいうことを聞くからです。しかし，定常的な収入の中で，経営として給与を上げていく構造にしていかないと経済は持続しません。もともと諸外国に比してわが国の診療報酬は貧相なのです。これ以上下げたら，医療経済は破綻します。人心浮薄を煽るメディアや学者，経済団体などの中には診療報酬を下げるべきだというような主張をしている人がいますが，まったく無能です。そういう人たちこそが，日本経済をいつまで経っても浮上させられない元凶です。

1 ｜ 2024年診療報酬改定について

　「令和6年度診療報酬改定に向けた議論の概要」（中医協）より作成しました。表現はあえて基本的に原文のママです。本書に関係が深いポイントを一部抜粋しています。キーワード解説を加えています（イメージ把握のため，参考として令和4年度改定の資料を掲載しているところもあります）。

> ●**Key word**　中医協（中央社会保険医療協議会）
> 診療報酬，薬価など，公的医療保険から医療機関に支払われる公定価格を答申する厚生労働大臣の諮問機関。

1

図表１－１　診療報酬改定の流れ

診療報酬改定は、
① 予算編成過程を通じて内閣が決定した改定率を所与の前提として、
② 社会保障審議会医療保険部会及び医療部会において策定された「基本方針」に基づき、
③ 中央社会保険医療協議会において、具体的な診療報酬点数の設定等に係る審議を行い
実施されるものである。

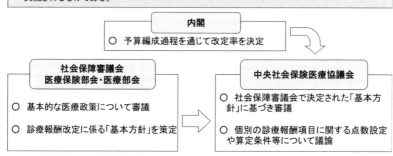

内閣

○ 予算編成過程を通じて改定率を決定

**社会保障審議会
医療保険部会・医療部会**

○ 基本的な医療政策について審議

○ 診療報酬改定に係る「基本方針」を策定

中央社会保険医療協議会

○ 社会保障審議会で決定された「基本方針」に基づき審議

○ 個別の診療報酬項目に関する点数設定や算定条件等について議論

【中央社会保険医療協議会の委員構成】
支払側委員と診療側委員とが保険契約の両当事者として協議し、公益委員がこの両者を調整する「三者構成」
① 支払側委員（保険者、被保険者の代表）　　7名
② 診療側委員（医師、歯科医師、薬剤師の代表）　7名
③ 公益代表　　　　　　　　　　　　　　　　6名（国会同意人事）

（出典）　https://www.mhlw.go.jp/file/05-Shingikai-12601000-Seisakutoukatsukan-Sanjikanshitsu_Shakaihoshoutantou/0000026444.pdf

図表１－２　令和６年度診療報酬改定の基本方針の概要

改定に当たっての基本認識

▶ 物価高騰、賃金上昇、経営の状況、人材確保の必要性、患者負担・保険料負担の影響を踏まえた対応
▶ 全世代型社会保障の実現や、医療・介護・障害福祉サービスの連携強化、新興感染症等への対応など医療を取り巻く課題への対応
▶ 医療DXやイノベーションの推進等による質の高い医療の実現
▶ 社会保障制度の安定性・持続可能性の確保、経済・財政との調和

改定の基本的視点と具体的方向性

（１）現下の雇用情勢も踏まえた人材確保・働き方改革等の推進
【重点課題】
【具体的方向性の例】
○医療従事者の人材確保や賃上げに向けた取組
○各職種がそれぞれの高い専門性を十分に発揮するための勤務環境の改善、タスク・シェアリング／タスク・シフティング、チーム医療の推進
○業務の効率化に資するICTの利活用の推進、その他長時間労働などの厳しい勤務環境の改善に向けての取組の評価
○地域医療の確保及び機能分化を図る観点から、労働時間短縮の実効性担保に向けた見直しを含め、必要な救急医療体制等の確保
○多様な働き方を踏まえた評価の拡充
○医療人材及び医療資源の偏在への対応

（２）ポスト2025を見据えた地域包括ケアシステムの深化・推進や医療DXを含めた医療機能の分化・強化、連携の推進
【具体的方向性の例】
○医療DXの推進による医療情報の有効活用、遠隔医療の推進
○生活に配慮した医療の推進など地域包括ケアシステムの深化・推進のための取組
○リハビリテーション、栄養管理及び口腔管理の連携・推進
○患者の状態及び必要と考えられる医療機能に応じた入院医療の評価
○外来医療の機能分化・強化等
○新興感染症等に対応できる地域における医療提供体制の構築に向けた取組
○かかりつけ医、かかりつけ歯科医、かかりつけ薬剤師の機能の評価
○質の高い在宅医療・訪問看護の確保

（３）安心・安全で質の高い医療の推進
【具体的方向性の例】
○食材料費、光熱費をはじめとする物価高騰を踏まえた対応
○患者にとって安心・安全に医療を受けられるための体制の評価
○アウトカムにも着目した評価の推進
○重点的な対応が求められる分野への適切な評価（小児医療、周産期医療、救急医療等）
○生活習慣病の増加等に対応する効果的・効率的な疾病管理及び重症化予防の取組推進
○口腔疾患の重症化予防、口腔機能低下への対応の充実、生活の質に配慮した歯科医療の推進
○薬局の地域におけるかかりつけ機能に応じた適切な評価、薬局・薬剤師業務の対物中心から対人中心への推進、病院薬剤師業務の評価
○薬剤の経営状況等も踏まえ、地域の患者・住民のニーズに対応した機能を有する医薬品供給拠点としての役割の評価を推進
○医薬品産業構造の転換も見据えたイノベーションの適切な評価や医薬品の安定供給の確保等

（４）効率化・適正化を通じた医療保険制度の安定性・持続可能性の向上
【具体的方向性の例】
○後発医薬品やバイオ後続品の使用促進、長期収載品の保険給付の在り方の見直し等
○費用対効果評価制度の活用　　市場実勢価格を踏まえた適正な評価
○医療DXの推進による医療情報の有効活用、遠隔医療の推進（再掲）
○患者の状態及び必要と考えられる医療機能に応じた入院医療の評価（再掲）
○外来医療の機能分化・強化等（再掲）
○生活習慣病の増加等に対応する効果的・効率的な疾病管理及び重症化予防の取組推進（再掲）
○医師・病院薬剤師と薬局薬剤師の協働の取組による医薬品の適正使用等の推進
○薬局の経営状況等も踏まえ、地域の患者・住民のニーズに対応した機能を有する医薬品供給拠点としての役割の評価を推進（再掲）

（出典）　https://www.mhlw.go.jp/content/12601000/001177224.pdf

1　医療DX

【改定のための現状認識】

- 医療DXに関しては，「医療DXの推進に関する工程表」（令和5年6月2日医療DX推進本部決定）がとりまとめられたところ。

- 工程表においては，全国医療情報プラットフォームに関し，2024年度中の電子処方箋の普及に努めるとともに，電子カルテ情報共有サービス（仮称）を構築し，共有する情報を拡大。併せて，介護保険，予防接種，母子保健，公費負担医療や地方単独の医療費助成などに係るマイナンバーカードを利用した情報連携を実現するとともに，次の感染症危機にも対応することとされている。

図表1-3　医療DX

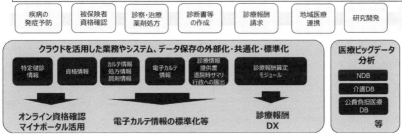

DXとは

DXとは、「Digital Transformation（デジタルトランスフォーメーション）」の略称で、デジタル技術によって、ビジネスや社会、生活の形・スタイルを変える（Transformする）ことである。
（情報処理推進機構DXスクエアより）

医療DXとは

医療DXとは、保健・医療・介護の各段階（疾病の発症予防、受診、診察・治療・薬剤処方、診断書等の作成、診療報酬の請求、医療介護の連携によるケア、地域医療連携、研究開発など）において発生する情報やデータを、全体最適された基盤を通して、保健・医療や介護関係者の業務やシステム、データ保存の外部化・共通化・標準化を図り、国民自身の予防を促進し、より良質な医療やケアを受けられるように、社会や生活の形を変えることと定義できる。

疾病の発症予防 ／ 被保険者資格確認 ／ 診察・治療薬剤処方 ／ 診断書等の作成 ／ 診療報酬請求 ／ 地域医療連携 ／ 研究開発

クラウドを活用した業務やシステム、データ保存の外部化・共通化・標準化

特定健診情報 ／ 資格情報 ／ カルテ情報処方情報調剤情報 ／ 電子カルテ情報 ／ 診療情報提供書退院時サマリ行政への届出 ／ 診療報酬算定モジュール

オンライン資格確認マイナポータル活用 ／ 電子カルテ情報の標準化等 ／ 診療報酬DX

医療ビッグデータ分析

NDB ／ 介護DB ／ 公費負担医療DB ／ 等

（出典）　https://www.mhlw.go.jp/content/10808000/000992373.pdf

図表1-4　医療DXの推進に関する工程表

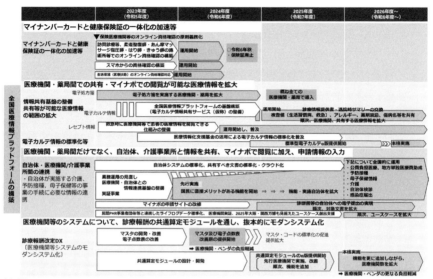

（出典）https://www.cas.go.jp/jp/seisaku/iryou_dx_suishin/dai2/siryou3.pdf

図表1-5　「全国医療情報プラットフォーム」（将来像）

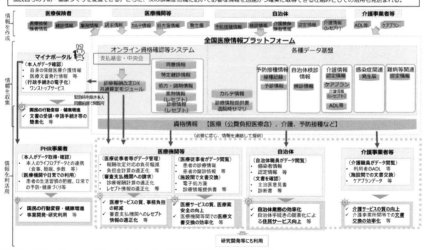

（出典）https://www.mhlw.go.jp/content/10808000/000992373.pdf

4

- 2024年度に医療機関等の各システム間の共通言語となるマスタ及びそれを活用した電子点数表を改善・提供して共通コストを削減，2026年度には，共通算定モジュールを本格的に提供し，共通算定モジュール等を実装した標準型レセコンや標準型電子カルテの提供により，医療機関等のシステムを抜本的に改革し，医療機関等の間接コストを極小化することとされている。
- 診療報酬改定の施行時期の後ろ倒しに関しては，実施年度及び施行時期について，中央社会保険医療協議会の議論を踏まえて検討とされているところ。

> ● **Key word** マスタ
> マスタデータの略。基礎になるデータ。

> ● **Key word** レセコン
> レセプトコンピュータの略。診療報酬明細書（レセプト）作成などを行うコンピュータ。

（診療報酬改定DXに対応するための施行の後ろ倒し）
- これまで診療報酬改定に伴い，答申や告示から施行，初回請求までの期間が短く，医療機関・薬局等及びベンダの業務が増大し，大きな負担がかかっている。
- 今後は，施行の時期を後ろ倒しし，共通算定モジュールを導入することで，負担の平準化や業務の効率化を図る必要がある。

【改定の方向性】
（医療情報プラットフォーム）
- 中小規模ベンダでも取り組みやすく，かつ国民にとってもメリットが感じられるしくみの構築をお願いしたい。
- プラットフォームの整備により，質の高い医療の拡大につながるので，推進していくべき。
- 電子カルテが導入されていないような医療機関への，電子カルテの普及に係る支援を検討すること。
- 多くの医師・医療機関がかかわらなければ，メリットが最大化されないので，医療機関の連携のハブになりうるかかりつけ医は，情報の入力・登録をぜひ

お願いしたい。

- 医療機関側の負担が大きくなり、医療提供に支障をきたさないように、時間をかけて拡大していくこと。
- 通常の診療業務におけるサポートなど、医療現場の負担軽減に資するような支援機能が重要。

（診療報酬改定施行時期の後ろ倒し）

- 診療報酬改定施行時期の後ろ倒しの期間に関しては、医療現場にどのような影響があるのか、ベンダや医療機関の作業の短期集中を、どの程度の期間延長すれば必要な効果が得られるのか、財政にどのような影響があるのか、あるいは、改定の結果検証にマイナス面の影響をできるだけ生じさせない長さにするなどを考慮して、総合的に検討する必要がある。
- 従来から改定年の4月から新しいルールに変わるといったイメージが強いため、医療機関・薬局に具体的にどのようなメリットがあるのか、ひいては患者にどのように還元されるのかを明確化し、丁寧かつ早期に周知していただきたい。
- 改定の施行時期の後ろ倒しは、財政影響や改定結果の検証期間はもちろん、薬価改定や、それらに関する調査の時期や期間等にも影響する。改定のあり方などを含め、慎重に検討していくべき。共通算定モジュールの導入、基本マスタの充足化、各種様式の電子化等は、負担軽減につながるが、4月改定を前提としていたサイクルが変わることなどで、現場が混乱しないよう丁寧な説明や配慮が必要。
- 医療機関・薬局やベンダだけでなく、保険者も診療報酬改定に合わせて基幹業務システムの改修対応や予算編成対応等の通常業務に影響を受けるため、丁寧な議論をお願いしたい。
- 薬価改定について、医療現場において、改定後半年程度の価格交渉期間が必要であり、毎年薬価調査を実施し、翌年度に薬価改定を行うサイクルを前提とすれば、4月に施行しなければ、薬価制度の根幹を揺るがすことになりかねない。また、薬価収載のタイミングは数か月に1回あり、4月改定を動かせば、全体のバランスも崩れる懸念がある。薬価のシステム改修は、4月施行でも十分対応が可能である。
- 費用面も含め、医療機関・薬局の負担軽減につながるものとするべき。

> ● **Key word** 薬価改定
>
> 厚生労働省が実施する薬価調査の結果に基づき，薬価に係る厚生労働大臣告示を全面的に見直すこと。

> ● **Key word** 薬価調査
>
> 薬価改定の基礎資料を得ることを目的として，薬価基準に収載されているすべての医薬品について，医療機関等に対する医薬品卸売販売業者の販売価格及び医療機関等での購入価格・数量等を調査するもの。

> ● **Key word** 薬価収載
>
> 医療機関等で保険診療に用いられる医薬品の薬価を収載すること。

（電子処方箋）
- 質の高い医療を提供していくうえで，大変重要。
- まだまだ実装されているとはいえず，更なる普及のために，積極的な広報活動を含めた国の推進策が必要。
- 国において，導入の加速化をお願いしたい。
- 費用負担のほかに，院内処方とのリンク等も含めた，更なる活用に向けての課題の共有と解決に向けて，所管部局が検討を進めること。

（サイバーセキュリティ）
- 現行のガイドラインでは対応が難しい部分もあるので，中小の医療機関等にも適したガイドラインの策定を。
- 外部ネットワークと接続されないクローズされたネットワークでの運用等の対策が重要ではないか。
- 診療報酬以外の対応を含めて，政府全体で議論してほしい。

（医療DXによる医療従事者の勤務環境改善）
- 業務の効率化，生産性の向上につながるという視点を持って検討してほしい。
- 取組みを診療報酬だけで評価するのではなく，他の財源による支援のあり方も含めて議論すること。

- 医療機関へのインセンティブをつけることだけに偏らず，患者負担にも配慮し医療従事者の勤務環境の改善，あるいは効率的な医療提供体制を整備していく必要がある。

2 医療計画

【改定のための現状認識】

（救急医療）

- 第8次医療計画においては，増加する高齢者の救急や，特に配慮を要する救急患者を受け入れるために，地域における救急医療機関の役割を明確化し，初期救急医療機関は，主に独歩で来院する自覚症状が軽い患者への夜間及び休日における外来診療を担い，第二次救急医療機関は高齢者救急をはじめ地域で発生する救急患者の初期診療と入院治療を主に担い，第三次救急医療機関は重篤患者に対する高度な専門的医療を総合的に実施することを基本としつつ，他の医療機関では治療の継続が困難な救急患者の診療を担うこととなった。

> **●Key word** 医療計画
> 医療法（第30条）に基づき，都道府県が，厚生労働大臣の定める基本方針（良質かつ適切な医療を効率的に提供する体制の確保を図るための基本的な方針）に即して，地域の実情に応じた医療提供体制を確保するために策定する計画。病床規制を主な目的に，二次医療圏ごとの病床数や病院の整備目標，医療従事者の確保などを定めるため，1985年に導入された。2006年の医療法改正で疾病・事業ごとの医療連携体制を記載することになり，2016年の医療法改正で地域医療構想が明示された。

> **●Key word** 第8次医療計画
> 2024年度〜2029年度の医療計画。

- 救急搬送のうち高齢者が占める割合が62.3％に達しており，軽症，中等症の患者，疾病分類別で「症状・兆候診断名不明確」や「その他」に分類される患者が特に増加している（小児や成人は軽症，中等症の救急搬送件数は減少傾向）。
- 第三次救急医療機関及び第二次救急医療機関においては，救急搬送の受入件数について医療機関間の偏りが大きい。

- 特に軽症あるいは中等症の単身者や要介護高齢者が第三次救急医療機関に入院し，退院調整が滞るなどの「出口問題」の存在及び入院した高齢者のADL低下の懸念などが指摘されている。
- これまで診療報酬では，救急医療管理加算や地域医療体制確保加算等により救急搬送の受入れを評価し，また令和4年度診療報酬改定では，地域包括ケア病棟を有する医療機関において救急医療の体制を要件化する等の対応を行っている。

> ● **Key word**　ADL（Activities of daily living）
> 人が生活を送るために行う活動の能力。

> ● **Key word**　救急医療管理加算
> 緊急に入院を必要とする重症患者に対して救急医療が行われた場合の加算。

（災害医療）

- DMATは，大地震等の災害時に地域において必要な医療提供体制を支援し傷病者の生命を守ることを目的とした，専門的な研修・訓練を受けた医療チームであり，現在約2,000チームが登録されている。新型コロナウイルス対応を踏まえて，令和4年2月には，活動要領を改正し，新興感染症等のまん延時における対応も活動内容に追加された。

> ● **Key word**　DMAT（Disaster Medical Assistance Team，災害派遣医療チーム）
> 災害の急性期（概ね48時間以内）に活動できる機動性を持った，専門的な研修・訓練を受けた災害派遣医療チーム。

- 災害時における医療提供体制の中心的な役割を担う災害拠点病院として，64の基幹災害拠点病院及び701の地域災害拠点病院が指定されている（令和4年4月時点）。
- 災害拠点病院について，診療報酬においては，補助金との関係も踏まえつつ，DPCの機能評価係数Ⅱで評価されている。

●Key word　機能評価係数Ⅱ

医療機関の効率性等の機能を評価した係数。効率性係数，複雑性係数，カバー率係数，地域医療係数の和。

（へき地医療）

- 医療計画においては，へき地における医療人材の効率的な活用や有事対応の観点から，国は自治体におけるオンライン診療を含む遠隔医療の活用について支援を行うとともに，へき地医療拠点病院の主要3事業（へき地への巡回診療，医師派遣，代診医派遣）の実績向上に向けて，巡回診療・代診医派遣について地域の実情に応じてオンライン診療の活用が可能であることを示す等，へき地の医療の確保に向けた取組みを進めることとされている。また，医師少数区域などにおける医師確保の取組みについても医療計画の項目として含まれている。

- 令和4年度の診療報酬改定では，これまでのオンライン診療料が，初診及び再診における情報通信機器を用いた診療として位置づけられた。へき地のオンライン診療は，D to P with N の様式が有効とされており，D to P with N の"N"として訪問看護が提供されたときは，医師のオンライン診療と訪問看護の診療報酬項目・療養費をそれぞれ算定可能となっている。

●Key word　D to P with N（Doctor to Patient with Nurse）

患者の同意のもと，オンライン診療時に，患者は看護師等が側にいる状態で診療を受け，医師は診療の補助行為をその場で看護師等に指示することで，薬剤の処方にとどまらない治療行為等が看護師等を介して可能となるもの。

【改定の方向性】

（救急医療）

- 三次救急医療機関が増加したこともあり，本来，二次救急医療機関で対応すべき患者も三次救急医療機関で対応されていることが課題ではないか。

- 救急医療における機能分化のためには，各地域の二次救急医療機関，三次救急医療機関がそれぞれの役割を果たすことが重要ではないか。

- 救急搬送される高齢患者については，誤嚥性肺炎や尿路感染症が迅速に治療

され結果的に早期に回復する場合でも，発症の段階では重篤な疾患との判別が困難な場合があるため，不必要に救急搬送されている場合が多いわけではないことに留意すべきではないか。

- 高齢者救急においては，重篤度の判断が困難な場合もあり，高齢者ということだけで地域包括ケア病棟で救急搬送を受け入れるものとすべきではないのではないか。
- 救急搬送で三次救急医療機関に搬送され，結果的に三次救急医療機関以外でも対応可能な病態の患者であった場合には，迅速に下り搬送を行うことが重要ではないか。

図表1－6　医療計画における救急医療提供体制

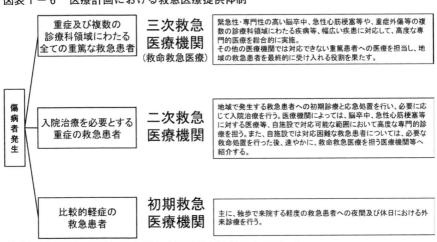

（出典）　https://www.mhlw.go.jp/shingi/2009/09/dl/s0911-4c_0007.pdf

（災害医療）

- これまでの診療報酬と補助金との関係に関する考え方を踏まえつつ，DPCの機能評価係数Ⅱによる評価を継続していくべきではないか。

図表1−7　機能評価係数Ⅱの評価内容

指数	評価内容
保険診療指数 （廃止）	【適切なDPCデータの作成】 ・「部位不明・詳細不明コード」の使用割合が10％以上の場合，0.05点減算する。 ・DPCデータの様式間の記載矛盾のあるデータの件数が全体の1％以上の場合，0.05点減算する。 　様式1の親様式・子様式間（データ属性等（郵便番号，性別，生年月日等），様式1とEFファイル間（入院日数入院料の算定回数の矛盾），様式4とEFファイル（医科保険情報と先進医療等情報の矛盾），DファイルとEFファイル（記入されている入院料等の矛盾） ・未コード化傷病名である傷病名の割合が2％以上の場合，0.05点減算する。（様式1で評価） 【病院情報の公表】自院のホームページで公表した場合に0.05点加算する。 （保険診療の質的改善に向けた取組み：令和6年度からの評価を検討）
地域医療指数	体制評価指数：5疾病6事業等を含む医療提供体制における役割や実績を評価 定量評価指数：〔当該医療機関の所属地域における担当患者数〕/〔当該医療機関の所属地域における発生患者数〕 　1）小児（15歳未満）と2）それ以外（15歳以上）についてそれぞれ同配分で評価。 　DPC標準病院群は2次医療圏，大学病院本院群及びDPC特定病院は3次医療圏のDPC対象病院に入院した患者を対象とする。
効率性指数	〔全DPC/PDPS対象病院の患者構成が，当該医療機関と同じと仮定した場合の平均在院日数〕/〔当該医療機関の平均在院日数〕 ※当該医療機関において，12症例（1症例/月）以上ある診断群分類のみを計算対象とする。 ※包括評価の対象となっている診断群分類のみを計算対象とする。

指数	評価内容
複雑性指数	〔当該医療機関の包括範囲出来高点数（一入院当たり）を，診断群分類ごとに全病院の平均包括範囲出来高点数に置換えた点数〕/〔全病院の平均一入院あたり包括点数〕 ※当該医療機関において，12症例（1症例/月）以上ある診断群分類のみを計算対象とする。 ※包括評価の対象となっている診断群分類のみを計算対象とする。
カバー率指数	〔当該医療機関で一定症例数以上算定している診断群分類数〕/〔全診断群分類数〕 ※当該医療機関において，12症例（1症例/月）以上ある診断群分類のみを計算対象とする。 ※すべて（包括評価の対象・対象外の両方を含む）の支払い分類を計算対象とする。
（位置づけの見直し） ※救急補正係数として評価	1症例あたり〔以下の患者について，入院後二日間までの包括範囲出来高点数と診断群分類点数表の点数との差額の総和〕 ※救急医療管理加算2に相当する患者の指数値は1/2 【A205救急医療管理加算の施設基準のある施設】 ・救急医療入院かつ以下のいずれかを入院初日から算定している患者 ・A205救急医療管理加算，A301-3脳卒中ケアユニット入院医療管理料，A300救命救急入院料，A301-4小児特定集中治療室管理料，A301特定集中治療室管理料，A302新生児特定集中治療室管理料，A301-2ハイケアユニット入院医療管理料，A303総合周産期特定集中治療室管理料 【「A205救急医療管理加算」の施設基準のない施設】：救急医療入院の患者

（出典）　https://www.mhlw.go.jp/content/12404000/001094610.pdfをもとに修正

（へき地医療）

• 質の高いオンライン診療や情報通信機器を活用した医療従事者間の連携が重要であり，令和4年度改定で拡大されたオンライン診療や，D to P with N による 診療の活用状況を注視していくべきではないか。

（その他）

- 人口構造の変化を踏まえれば，2025年に向けた地域医療構想の取組みは引き続き推進すべきではないか。
- 医療計画に掲げられる目標の達成や地域医療構想の推進においては，補助金との役割分担に留意しつつ，不足している部分については引き続き診療報酬による対応を検討すべきではないか。

3　外　来

【改定のための現状認識】

（かかりつけ医機能・医療機関連携）

- 主治医機能を持った医師が，複数の慢性疾患を有する患者に対し，患者の同意を得たうえで，継続的かつ全人的な医療を行うことについて，平成26年度診療報酬改定において地域包括診療料・加算を，平成28年度改定において認知症地域包括診療加算を新設し，評価を行っている。
- また，小児のかかりつけ医機能を推進する観点から，小児外来医療において，継続的に受診し，同意のある患者について，適切な専門医療機関等と連携することにより，継続的かつ全人的な医療を行うことについて，小児かかりつけ診療料を平成28年度改定において新設し，評価を行っている。
- さらに，平成30年度改定においては，かかりつけ医機能に係る診療報酬を届け出ている医療機関において，専門医療機関への受診の要否の判断等を含めた，初診時における診療機能を評価する観点から，機能強化加算を新設した。

●Key word　機能強化加算

地域包括診療料などの届出を行っている診療所・200床未満の病院において，初診料に上乗せするもの。

●Key word　地域包括診療料

主治医機能を持った中小病院及び診療所の医師が，複数の慢性疾患を有する患者に対し，患者の同意を得たうえで，継続的かつ全人的な医療を行うことについて評価して算出するもの。

- 令和4年度診療報酬改定においては，慢性疾患を有する患者に対するかかりつけ医機能の評価を推進する観点から，地域包括診療料等の対象疾患に，慢

性心不全及び慢性腎臓病を追加した。機能強化加算について，かかりつけ医機能を有する医療機関及び医師の実績要件をそれぞれ追加した。さらに，診療情報提供料（Ⅲ）から連携強化診療情報提供料に名称を変更し，対象患者に，紹介重点医療機関からの患者等を追加した。

- 医療DXとして，全国医療情報プラットフォームの構築や電子カルテ情報の標準化において，情報の共有にあたっての標準規格化された3文書（診療情報提供書，退院サマリー及び健診結果報告書），及びそれに含まれる6情報を普及促進し，医療の質向上のために活用されていくこととされている。
- 令和6年度の同時報酬改定に向けた意見交換会において，外来医療に関し，主治医と介護支援専門員等との連携，認知症患者への対応，人生の最終段階における医療・介護についての意思決定支援をより早期から行う。
- 令和5年の医療法改正では，かかりつけ医機能について，国民への情報提供の強化や，かかりつけ医機能の報告に基づく地域での協議のしくみを構築し，協議を踏まえて医療・介護の各種計画に反映することとされている。

● **Key word**　介護支援専門員
ケアマネジャー。

（生活習慣病対策）

- 生活習慣病患者の生活習慣に関する総合的な治療管理のため，平成14年度改定において，生活習慣病管理料が新設された。平成30年度，令和2年度診療報酬改定においては，生活習慣病の算定要件について，生活習慣病の重症化予防を推進する観点から，関係学会のガイドラインを踏まえ，算定要件を見直した。令和4年度診療報酬改定においては，投薬にかかる費用を包括評価の対象範囲から除外し評価を見直すとともに，総合的な治療管理について，他職種と連携し実施して差し支えないことを明確化した。

● **Key word**　生活習慣病
食習慣・運動習慣・休養・喫煙・飲酒等の生活習慣が発症や進行に関与する疾患。

（外来機能の分化の推進）

- 保険医療機関相互間の機能の分担及び業務の連携の更なる推進のため，紹介

率や逆紹介率が低い場合の初診料等の減算や，紹介状なしで受診する場合等の定額負担の導入を，診療報酬改定において実施してきている。

- 令和4年度診療報酬改定においては，紹介状なしで受診した患者等から定額負担を徴収する責務がある医療機関の対象範囲に紹介受診重点医療機関（一般病床200床以上に限る）を追加し，当該医療機関における定額負担の対象患者について，その診療に係る保険給付範囲及び定額負担の額等を見直した。

（オンライン診療）

- オンライン診療に係る診療報酬上の評価については平成30年度改定において新設し，令和2年度改定では，実態等を踏まえた見直しを実施した。さらに，新型コロナウイルス感染症の感染拡大を踏まえ，臨時的・特例的取扱いを実施し，オンライン診療による初診を可能とする等の対応を行ったところ。
- 令和4年1月の「オンライン診療の適切な実施に関する指針」の見直しを踏まえ，令和4年度診療報酬改定においては，情報通信機器を用いた場合の初診料の新設を行い，算定できる医学管理料を拡充するとともに，算定要件の緩和等の見直しを行った。

【改定の方向性】

（かかりつけ医機能・医療機関連携）

- 安心・安全で質の高い医療提供は医療DXの最大の目的であり期待される効果と考える。医療DXは始まったところであり，普及には一定程度の時間がかかる。かかりつけ医機能のあり方の1つとして，複数の医療機関との緊密な連携が示されている。将来的には全国医療情報プラットフォームが構築されることで実現するが，実現までの間は現在利用可能な地域医療情報連携ネットワークや紙の文書も含めた，現状の医療提供体制を生かしながら評価のあり方を検討していくべき。
- かかりつけ医機能の整備強化の議論については，その結果，患者の1人ひとりが医療の質が向上したと確信を持てることが重要。普段の健康状態や服薬情報を把握したうえでの適切な初期診療，普段の健康相談，夜間休日対応，専門医療機関・介護サービス・障害福祉サービス等との連携が可能であると安心した診療を受けることができる。どの診療機関でも同じ対応ができること，どこにかかればこのような対応が可能なのか，判断できる実績を含めた

情報を患者が把握できるような状況にすべき。
- 令和6年度改定に向けて，医療法とも整合する形の体系的な見直しを行うべき。
- 医療と介護（医師と介護支援専門員）との連携を，かかりつけ医に関する評価の要件とすることも考えられる。
- 医療法改正により，患者が希望する場合，かかりつけ医機能として提供する医療内容の書面交付が令和7年4月から施行となる。生活習慣病管理料の療養計画書と内容・役割が重なってくることも考えられる。医療DXを推進する中で，より効率的な情報共有の方法について整理することが必要。特定疾患療養管理料についても計画書の作成について議論すべきではないか。
- 連携はかかりつけ医機能の重要な要素であるため，輪番制を含めて，時間外の対応を進めるべき。
- かかりつけ薬剤師・薬局は，かかりつけ医と密に連携しながら，調剤，服薬指導，及び地域への医薬品の供給をしっかりと担っていくことが重要。

（生活習慣病対策）
- 医科歯科連携による治療効果の改善がエビデンスとしても示されて，こうした連携を深めていくべき。
- 生活習慣病の管理をどういった形で評価していくのか，特定疾患療養管理料と生活習慣病管理料の対象となっている患者像を分析し，議論を深めていく必要がある。「計画的な管理」を評価している地域包括診療加算と特定疾患療養管理料が併算定できることも踏まえ，単純に加算を新設するといった発想ではなく，既存のかかりつけ医機能の評価について体系的に整理すべき。

（外来機能の分化の推進）
- 外来医療の需要が2040年に向けて減っていくが，基幹病院に最初から受診してしまう患者はまだ多い。紹介受診重点医療機関を広げていくことが重要で，診療所についても特徴を出し，連携体制を構築していくことが重要。
- 拠点病院の外来診療のボリューム，また働き方改革の観点では夜間・休日の外来のボリュームを把握すべき。

図表1－8　医療需要の変化　外来患者数は，既に減少局面にある医療圏が多い

○　全国での外来患者数は2025年にピークを迎えることが見込まれる。65歳以上が占める割合は継続的に上昇し、2040年には約6割となることが見込まれる。
○　既に2020年までに214の医療圏では外来患者数のピークを迎えていると見込まれる。

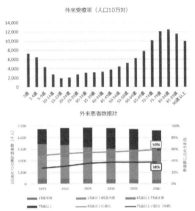

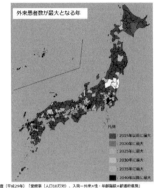

外来患者数が最大となる年

出典：患者調査（平成29年）「受療率（人口10万対）、入院－外来×性・年齢階級×都道府県別」
　　　国立社会保障・人口問題研究所「日本の地域別将来推計人口（平成30（2018）年推計）」
※　「外来」には「通院」、「往診」「訪問診療」「医師の指示の服薬」が含まれる。
※　二次医療圏の患者数は、当該二次医療圏が属する都道府県の受療率が各医療圏に当てはまるものとして、将来の人口推計を用いて算出。
※　福島県は市区町村ごとの人口推計が行われていないため、福島県の二次医療圏を除く329の二次医療圏について集計。

（出典）　https://www.mhlw.go.jp/content/10800000/000911302.pdf

（オンライン診療）

- オンライン診療については質と安全性の確保，患者のプライバシー保護等がしっかりなされているかが重要。

- 不適切なオンライン診療を防ぐため，令和5年3月にオンライン診療の適切な実施に関する指針が一部改定されたところ。安全性，必要性，有効性の視点から，学会のガイドライン等を踏まえて，適切な診療を実施しなければならないことや，ホームページや院内掲示等において，指針を遵守したうえで実施している旨を公表することなどが追加されたため，これらが遵守されているのかどうかも評価する際の重要な視点となる。

- オンライン診療は対面診療と比べ，メリット・デメリット両方があることを踏まえ，適切にオンライン診療の活用を推進していくべき。医療資源にも保険財政にも限りがあることを踏まえ，上手な医療のかかり方も意識して，患者が適切にオンライン診療を利用できることが重要であり，算定回数や医療機関等における取組状況についての動向を注視していくべき。

- オンライン診療は診療を受ける場の選択肢を広げるものであるが，対面を希望する患者には対面診療を提供できる体制が重要。

- 遠隔連携診療料は算定実績が極めて乏しいので，課題を明らかにしたうえで改めて議論する必要がある。

4　入　院

【改定のための現状認識】

図表1－9　入院医療

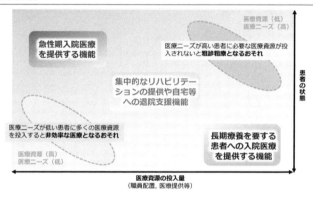

入院医療の評価体系と期待される機能

○　入院医療の評価は、
- **個々の患者の状態に応じて、適切に医療資源が投入され、より効果的・効率的に質の高い入院医療が提供**されることが望ましいこと
- **患者の状態や医療内容に応じた医療資源の投入がなされないと、非効率な医療となるおそれや、粗診粗療となるおそれ**があること

を踏まえ、**基本的な医療の評価部分**と**診療実績に応じた段階的な評価部分**との二つの評価を組み合わせた評価体系としている。

図表 1 − 9　入院医療（つづき）

入院から在宅まで切れ目のない医療を提供するための取組①（機能編）

○　新型コロナウイルス感染症の感染拡大において果たした医療機関の役割等も踏まえ、入院から在宅まで切れ目のない医療を提供する観点から、提供する医療の対象となる患者の病態像や医療の内容に着目し、それらに見合った適切な評価となるよう、見直し・加算の新設等を実施。その際、医療機関の機能に応じた感染対策が実施されるよう、感染対策向上加算1・2・3、外来感染対策向上加算を新設し、取組を推進。

入院から在宅まで切れ目のない医療を提供するための取組②（連携編）

○　新型コロナウイルス感染症の感染拡大において果たした医療機関の役割等も踏まえ、入院から在宅まで切れ目のない医療を提供する観点から、感染対策向上加算1・2・3、外来感染対策向上加算において求められている医療機関間連携や回リハ病棟の対象病態の拡大、外来在宅共同指導料新設、機能強化型在支病の施設基準への地ケア病棟組み込み等の新たな連携強化の取組も活用し、医療機関の連携・機能分化を更に推進する取組の評価を実施。

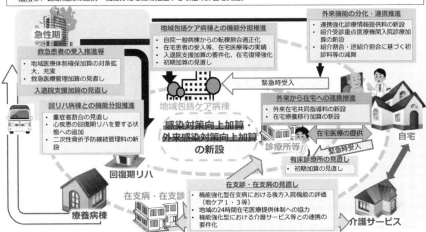

（出典）　https://www.mhlw.go.jp/content/12400000/001079187.pdf

19

（急性期入院医療）

図表 1 - 10　急性入院医療

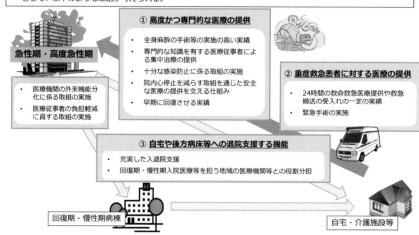

高度かつ専門的な急性期医療の提供体制（イメージ）

> 新型コロナウイルス感染症の感染拡大において果たした医療機関の役割等も踏まえ、地域において急性期・高度急性期医療を集中的・効率的に提供する体制を確保する観点から、高度かつ専門的な急性期医療を提供する体制として、以下のような取組が考えられる。

急性期・高度急性期
- 医療機関の外来機能分化に係る取組の実施
- 医療従事者の負担軽減に資する取組の実施

① 高度かつ専門的な医療の提供
- 全身麻酔の手術等の実施の高い実績
- 専門的な知識を有する医療従事者による集中治療の提供
- 十分な感染防止に係る取組の実施
- 院内心停止を減らす取組を通じた安全な医療の提供を支える仕組み
- 早期に回復させる実績

② 重症救急患者に対する医療の提供
- 24時間の救命救急医療提供や救急搬送の受入れの一定の実績
- 緊急手術の実施

③ 自宅や後方病床等への退院支援する機能
- 充実した入退院支援
- 回復期・慢性期入院医療等を担う地域の医療機関等との役割分担

回復期・慢性期病棟

自宅・介護施設等

- 入院医療の評価は，個々の患者の状態に応じた適切な医療資源が投入されるよう，基本的な医療の評価部分と診療実績に応じた段階的な評価部分との2つの評価を組み合わせた評価体系としている。
- 令和4年度診療報酬改定においては，急性期及び高度急性期の入院医療の必要性に応じた適切な評価を行う観点から，重症度，医療・看護必要度について見直しを行ったところ，看護配置7対1の病床数は増加傾向にある。また，手術や救急医療等の高度かつ専門的な医療及び高度急性期医療の提供に係る体制を十分に確保している場合の評価として急性期充実体制加算を新設している。

●Key word　急性期充実体制加算

地域において急性期・高度急性期医療を集中的・効率的に提供する体制を確保する観点から，手術等の高度かつ専門的な医療に係る実績及び高度急性期医療を実施する体制を評価したもの。

> ● **Key word**　看護配置7対1
> 患者7人に対して1人の看護師を配置しなければならないという基準。

- 高齢者人口や高齢者の救急搬送の増加とともに，急性期一般入院料の算定に占める高齢者の割合も増加傾向にあるなか，急性期一般病棟は集中的な急性期医療を必要とする患者への対応に重点化すべき等，2025年を期限とした地域医療構想に向けた取組みとともに，さらなる機能分化の必要性が指摘されている。

（回復期入院医療）

- 地域包括ケア病棟入院料は，「①急性期治療を経過した患者の受入れ」「②在宅で療養を行っている患者等の受入れ」「③在宅復帰支援」の3つの役割を担うこととされており，平成26年度改定において設定された。令和4年度診療報酬改定においては，在宅医療の提供や在宅患者等の受入れに対する評価の観点から，在宅医療に係る実績要件の水準引上げ，一般病床において届け出ている場合に救急告示病院等であることの要件化等を行っている。現状，救急搬送の受入れ件数は100件以下の医療機関が多い。
- 回復期リハビリテーション病棟入院料は，リハビリテーションが必要な高齢者の発生を防止する回復期リハビリテーションの充実を図るため，平成12年に新設された。質の高いリハビリテーション医療を充実する観点から，アウトカム評価に基づく入院料の評価を導入し，水準の引上げを講じてきており，令和4年度診療報酬改定においても重症患者割合の見直し等を行っている。

図表1－11　地域包括ケア病棟入院料の施設基準（イメージ）

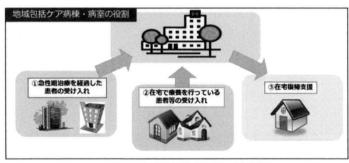

（出典）　https://www.mhlw.go.jp/content/12400000/001079187.pdfより抜粋

（慢性期入院医療）

- 療養病棟入院基本料の経過措置（注11）を届け出ている病棟については，届出医療機関数・病床数ともに減少している。令和4年度改定においては，療養病棟入院基本料2の75/100の点数に切下げを行った。なお，療養病床等についての，医療法施行規則における看護師等の員数等についての経過措置の有効期限は令和6年3月31日までである。

> ● **Key word** 　療養病棟入院基本料の経過措置（注11）を届け出ている病棟
> 区分の2.3が50％未満で療養病棟入院基本料2の100分の75を算定する病棟。

- 療養病棟入院基本料の医療区分については累次の改定で見直しが実施されており，令和4年度改定では中心静脈栄養を実施している状態にある患者について，摂食機能又は嚥下機能の回復に必要な体制を有していない場合の評価の見直しを実施した。

- 障害者施設等入院基本料については「個別の病態変動が大きく，その変動に対し高額な薬剤や高度な処置が必要となるような患者が対象」，特殊疾患病棟入院料については「処置内容や病態の変動はそれほど大きくないが，医療の必要性は高い患者が対象」とされている。令和4年度改定において，重度の意識障害を有さない脳卒中の患者について，療養病棟入院料の評価体系を踏まえた評価とする見直しを行った。

（入院医療における他の取組み）

- DPC対象病院数は令和4年4月1日時点で1,764病院となり，経年的に増加傾向である一方，急性期病床規模の小さいDPC対象病院も増加している。DPC／PDPSにおける評価については，医療機関の機能や役割に応じた医療機関別係数を設定するとともに，入院初期を重点評価するため在院日数に応じた3段階の定額報酬を設定している。

- 日帰り及び4泊5日までの入院による手術等を行うための管理等について，包括的な評価を行う短期滞在手術等基本料が設定されており，実態等に合わせ，対象手術等や評価の見直しを実施してきている。

- 病気になり入院しても，住み慣れた地域で継続して生活できるよう，また，入院前から関係者との連携を推進するために，入院前や入院早期からの支援の強化や退院時の地域の関係者との連携を評価するため，入退院支援加算を

設定しており，急性期一般入院料1，専門病院入院基本料，特定機能病院入院基本料では8割以上が届出を行っている。

図表1−12　DPC

DPC/PDPSの基本事項

● DPC/PDPSは、閣議決定に基づき、平成15年4月より82の特定機能病院を対象に導入された**急性期入院医療**を対象とする診断群分類に基づく**1日あたり包括払い制度**である。
　　※　米国で開発されたDRG(Diagnosis Related Groups)もDPC(Diagnosis Procedure Combination)も医療の質的改善を目指して開発された診断群分類の一種であり、1日あたり、1入院あたりの支払制度を意味するものではない。
　　※　DPC/PDPS(Per-Diem Payment System)は診断群分類に基づく1日当たり定額報酬算定制度を意味する。

● 制度導入後、DPC/PDPSの対象病院は段階的に拡大され、令和4年4月1日時点見込みで**1,764**病院・約**48**万床となり、急性期一般入院基本料等に該当する病床（※）の約**85%**を占める。
　　※　令和2年7月時点で急性期一般入院基本料等を届出た病院

● 医療機関は、診断群分類ごとに設定される在院日数に応じた**3段階の定額点数**に、医療機関ごとに設定される**医療機関別係数**を乗じた点数を算定。

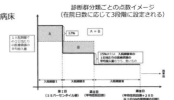

診断群分類ごとの点数イメージ
（在院日数に応じて3段階に設定される）

DPCの基本構造

○ 日本における診断群分類は、以下の順に**14桁**の英数字で構成される。
　① 「診断（**D**iagnosis）（医療資源を最も投入した傷病名）」
　② 「診療行為（**P**rocedure）（手術、処置等）等」
　　の 「組合せ（**C**ombination）」
　　※　米国で開発されたDRG(Diagnosis Related Groups)もDPC(Diagnosis Procedure Combinationも医療の質的改善を目指して開発された診断群分類の一種であり、1日あたり、1入院あたりの支払制度を意味するものではない。
　　※　DPC/PDPS(Per-Diem Payment System)は診断群分類に基づく1日当たり定額報酬算定制度を意味する。

米国のDRGが手術の有無を主眼に開発されたものであり、一方、わが国のDPC開発では、臨床家の思考方法に近い形で、診断を前提とした判断樹を作成していくことを基本的理念としている。

MDC（Major Diagnostic Categories）18種
DPCコード　4,726分類
　　　　（うち支払分類　2,334分類）
　　　　　　　　　　※令和4年度改定時

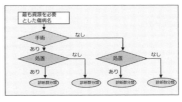

○ 「診断（傷病名）」は、「**ICD−10**」により定義され、
　「診療行為等」は、診療報酬上の医科点数表上の区分（**Kコード等**）で定義される。
　　※　ICD : International Statistical Classification of Diseases and Related Health Problemsの略
　　DPC/PDPSにおいては**2013年版**を使用

DPC/PDPSの基本事項（1日当たり点数の設定方法）

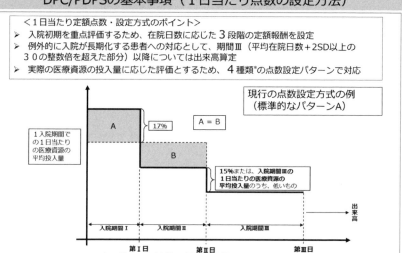

＜1日当たり定額点数・設定方式のポイント＞
➢ 入院初期を重点評価するため、在院日数に応じた3段階の定額報酬を設定
➢ 例外的に入院が長期化する患者への対応として、期間Ⅲ（平均在院日数＋2SD以上の30の整数倍を超えた部分）以降については出来高算定
➢ 実際の医療資源の投入量に応じた評価とするため、4種類*の点数設定パターンで対応

* 2024年度より5種類

DPC/PDPSの基本事項（DPC/PDPSの包括範囲）

「医科点数表」における項目		包括評価	出来高評価
A 入院料等	入院基本料	全て	
	入院基本料等加算	病棟全体で算定される加算等（機能評価係数Ⅰとして評価）	患者ごとに算定される加算等
	特定入院料	※入院基本料との差額を加算	
B 管理等		手術前医学管理料手術後医学管理料	左記以外
C 在宅医療			全て
D 検査		右記以外	心臓カテーテル検査、内視鏡検査、診断穿刺・検体採取料（血液採取を除く）
E 画像診断		右記以外	画像診断管理加算動脈造影カテーテル法（主要血管）
F 投薬		全て	
G 注射		右記以外	無菌製剤処理料
H リハビリテーションI 精神科専門療法		薬剤料	左記以外
J 処置		右記以外（1000点未満処置）	1000点以上処置慢性腎不全で定期的に実施する人工腎臓及び腹膜灌流に係る費用
K 手術L 麻酔M 放射線治療			全て
N 病理診断		右記以外	術中迅速病理組織標本作製病理診断・判断料
薬剤料		右記以外	ＨＩＶ治療薬血液凝固因子製剤（血友病等に対する）

（出典）　https://www.mhlw.go.jp/content/12400000/001079187.pdf

・緩和ケア病棟入院料は，主として苦痛の緩和を必要とする悪性腫瘍及び後天性免疫不全症候群の患者に対する入院医療及び緩和ケア並びに外来や在宅への円滑な移行支援の評価として，令和 2 年度に設定された。令和 4 年度においては，患者の状態に応じた入院医療の提供を更に推進する観点から，疼痛の評価等を実施した場合の評価として，緩和ケア疼痛評価加算が新設されている。

【改定の方向性】
（総論・急性期/高度急性期入院医療）

• 高齢者の救急搬送件数の増加への対応としては，二次救急に対する評価とともに，三次救急からの下り搬送を評価すべき。

• 急性期充実体制加算の新設により総合入院体制加算の届出を行う医療機関が減少しており，急性期充実体制加算の届出を行う医療機関に求められる役割について検討すべき。

> ● Key word　総合入院体制加算
> 十分な人員配置及び設備等を備え，総合的かつ専門的な急性期医療を24時間提供できる体制及び医療従事者の負担の軽減及び処遇の改善に資する体制等を評価した加算。

• 誤嚥性肺炎や尿路感染症の入院治療については，対応可能な地域包括ケア病棟におけるより一層の対応が必要ではないか。ただし，地域包括ケア病棟は，看護配置が13対 1 であること等から，対応できる救急医療には限界があることも認識すべき。

> ● Key word　地域包括ケア病棟
> 入院治療後，病状が安定した患者に対して，自宅及び介護施設への復帰に向けた医療や支援・リハビリを行う病棟。介護施設入所中や在宅療養中の高齢者等が，症状が不安定になったりリハビリを要するときなどにも入棟の対象。

• すべての団塊の世代が後期高齢者になる2025年に向けて，病床の機能分化・連携を進める観点から地域医療構想が推進されてきており，高齢化が進むなかで，急性期一般入院料の算定に占める高齢者の割合は増加傾向にあり，急性期医療が高度かつ集中的な医療を必要とする患者への対応に重点化される

よう，機能分化による効率的な医療をさらに評価すべき。

- 急性期一般入院については，平均在院日数が伸びるとともに病床利用率が低下しており，新型コロナの影響も勘案すべきではあるものの，病床数が過剰になっていないか，背景を分析すべき。

- 急性期一般入院料においても65歳以上の患者が相当数を占めており，また，要介護の患者やADLの低い患者がそれなりに入っている一方で，リハビリ専門職は回復期リハビリテーション病棟や地域包括ケア病棟に多く配置されているため，救急医療機関からの必要な下り搬送を推進するとともに，急性期の高齢者を早期のリハビリが可能な地域包括ケア病棟等で受けとめることが望ましい。

- 高齢者等の救急搬送を効率的に受けとめるためには，医療機関同士，医療機関と高齢者施設等の連携とともに，救急隊のトリアージによる適切な搬送先の選択が重要。

- 看護業務の負荷軽減の観点からも，ハイケアユニット用の重症度，医療・看護必要度についても，レセプト電算処理システム用コードを用いた評価を導入すべき。

- ハイケアユニットについて，届出医療機関の数が増加しており，どのような状態の患者にどのような医療が提供されているのか等を分析したうえで，必要度のあり方について検討すべき。

（回復期入院医療）
- 誤嚥性肺炎や尿路感染症の入院治療については，対応可能な地域包括ケア病棟におけるより一層の対応が必要ではないか。ただし，地域包括ケア病棟は，看護配置が13対1であること等から，対応できる救急医療には限界があることも認識すべき。（再掲）

- 地域包括ケア病棟における救急医療の対応状況にはばらつきがあり，施設の背景等を踏まえて分析を進める必要がある。

- 回復期リハビリテーション病棟においては，重症度の高い患者の受入れの促進とともに，入退棟時のFIMの改善のみならず，退院後に在宅医療を受ける場合や施設に入所する場合において，ADLが維持されるような取組みが重要。

- 回復期リハビリテーション病棟におけるFIMの第三者評価の義務化も視野に入れつつ，実績に基づく評価を更に推進すべき。

●**Key word** FIM（Functional Independence Measure，機能的自立度評価法）
リハビリの分野などで幅広く活用されているADL評価法。

（慢性期入院医療）
- 医療法上の経過措置の期限を考えると，療養病棟入院料における2026年3月までの経過措置は終了させる必要があるが，患者や臨床現場に混乱を来すことのないような形とすべき。

（その他）
- 短期滞在手術等基本料については，累次の改定において対象を拡大しており，今後も実態に基づく見直しが重要。
- 短期滞在手術等基本料1について，外来で実施できる手術を入院で実施しているということがないよう，必要な対応を検討すべき。

図表1－13　医療需要の変化　入院患者数は，ピークを迎え始めている

○ 全国での入院患者数は2040年にピークを迎えることが見込まれる。65歳以上が占める割合は継続的に上昇し，2040年には約8割となることが見込まれる。
○ 2次医療圏によって入院患者数が最大となる年は様々であるが，既に2020年までに89の医療圏が、また2035年までには260の医療圏がピークを迎えることが見込まれる。

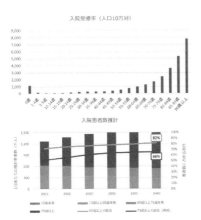

出典：患者調査（平成29年）「受療率（人口10万対）、入院－外来×性・年齢階級×都道府県別」
国立社会保障・人口問題研究所「日本の地域別将来推計人口（平成30（2018）年推計）」
※ 二次医療圏の患者数は、当該二次医療圏が属する都道府県の受療率が各医療圏に当てはまるものとして、将来の人口推計を用いて算出。
※ 福島県は市区町村ごとの人口推計が行われていないため、福島県の二次医療圏を除く329の二次医療圏について集計。

（出典）　https://www.mhlw.go.jp/content/10800000/000911302.pdf

5 在 宅

【改定のための現状認識】

☑総　論

図表1−14　在宅医療における診療報酬上の評価構造（イメージ）

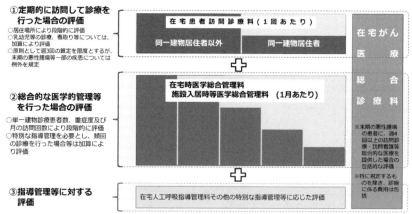

> ➤ 在宅医療に対する診療報酬上の評価は、①訪問して診療を行ったことに対する評価、②総合的な医学的管理に対する評価、③人工呼吸器その他の特別な指導管理等に対する評価の、大きく3種類の評価の組み合わせで行われている。

（出典）　https://www.mhlw.go.jp/content/12400000/001079187.pdf

（在宅医療を取りまく状況）

- いわゆる団塊の世代が2025年には75歳以上になり，死亡数は2040年まで増加が見込まれ，今後日本は高齢多死社会を迎えるため，在宅医療の需要は引き続き増加する傾向にある。

- 令和4年度「人生の最終段階における医療・ケアに関する意識調査」によると，「病気で治る見込みがなく，およそ1年以内に徐々にあるいは急に死に至ると考えたとき」，最期を迎えたい場所やそれまでの医療・ケアを受けたい場所を自宅としている一般国民が一定数認められる。

- 死因については，悪性新生物・心疾患が増加傾向であり，死亡の場所については，自宅や介護施設等が増加するなか，特に悪性腫瘍を死因とする患者の自宅での死亡が増加している。

- 訪問診療の利用者については，2025年以降に後期高齢者の割合が9割以上と

なることが見込まれており，多くの二次医療圏で2040年以降に利用者数のピークを迎えることが見込まれる。

（地域包括ケアシステムにおける在宅医療）

- 在宅医療は，高齢になっても，病気や障害の有無にかかわらず，住み慣れた地域で自分らしい生活を続けられるよう，入院医療や外来医療，介護，福祉サービスと相互に補完しながら，患者の日常生活を支える医療であり，地域包括ケアシステムの不可欠な構成要素である。
- 第8次医療計画において，今後増加が見込まれる訪問診療・訪問看護の需要に対し，都道府県においては，国から提供を受けた，在宅医療提供体制の現状を把握するためのデータ等を踏まえ，適切な在宅医療の圏域を設定し，地域での協議・調整を通じて，より実効性のある体制整備を進める必要があるとされている。
- 診療のバックアップ体制や夜間輪番制等の在宅医療を担う医師による相互協力や多職種連携に基づく水平連携と，急変時に入院を要する在宅療養患者のための垂直連携のしくみを構築している地域がある。
- 今後高齢化の進展に伴い，在宅医療のニーズは増加する一方で，マンパワーの制約があることを踏まえ，情報通信機器等の活用等も含めた，質の高い効果的・効率的な在宅医療の提供体制を進める必要があるとされている。
- 在宅医療・介護連携推進事業については，平成27年度から開始され，令和2年度の介護保険法改正における見直しで，PDCAを踏まえた事業展開の推進を図ってきているが，在宅医療の提供体制に求められる医療機能の4つの場面を意識した取組みについては「急変時の対応」が最も進んでいない状況にある。
- 障害者や難病患者等が地域や職場で生きがい・役割を持ち，医療，福祉，雇用等の各分野の支援を受けながら，その人らしく安心して暮らすことができる体制の構築を目指しており，施設や病院からの地域移行，その人らしい居宅生活に向けた支援の充実等を推進している。

図表1−15　地域包括ケアシステム

○ 団塊の世代が75歳以上となる2025年を目途に、重度な要介護状態となっても住み慣れた地域で自分らしい暮らしを人生の最後まで続けることができるよう、住まい・医療・介護・予防・生活支援が一体的に提供される地域包括ケアシステムの構築を実現していきます。

○ 今後、認知症高齢者の増加が見込まれることから、認知症高齢者の地域での生活を支えるためにも、地域包括ケアシステムの構築が重要です。

○ 人口が横ばいで75歳以上人口が急増する大都市部、75歳以上人口の増加は緩やかだが人口は減少する町村部等、高齢化の進展状況には大きな地域差が生じています。

　地域包括ケアシステムは、保険者である市町村や都道府県が、地域の自主性や主体性に基づき、地域の特性に応じて作り上げていくことが必要です。

（出典）　https://www.mhlw.go.jp/seisakunitsuite/bunya/hukushi_kaigo/kaigo_koureisha/chiiki-houkatsu/dl/link1-4.pdf

図表1−16　医療需要の変化　医療と介護の複合ニーズが一層高まる

○ 要介護認定率は、年齢が上がるにつれ上昇し、特に、85歳以上で上昇する。
○ 2025年度以降、後期高齢者の増加は緩やかとなるが、85歳以上の人口は、2040年に向けて、引き続き増加が見込まれており、医療と介護の複合ニーズを持つ者が一層多くなることが見込まれる。

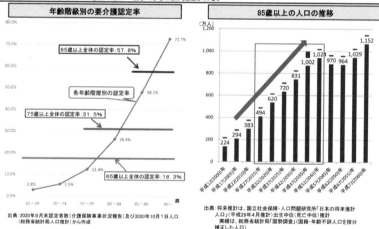

（出典）　https://www.mhlw.go.jp/content/10800000/000911302.pdf

【改定の方向性】

（在宅医療を取りまく状況）

- 在宅医療の需要は2040年に向けさらに増大することが予想されており，患者が状態や疾患に応じて希望される場所で看取りがなされるよう，診療報酬上も適切な対応を検討していく必要がある。

図表1－17　医療需要の変化　死亡数が一層増加する

○ 死亡数については、2040年まで増加傾向にあり、ピーク時には年間約170万人が死亡すると見込まれる。
○ 死因については、悪性新生物・心疾患とともに、老衰が増加傾向にある。
○ 死亡の場所については、自宅・介護施設等が増加傾向にある。

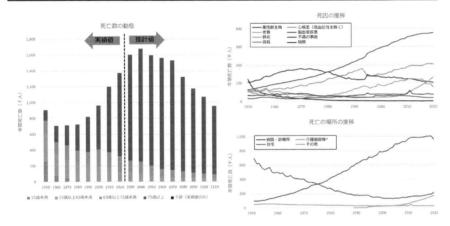

出典：国立社会保障・人口問題研究所「性、年齢（5歳階級）別死亡数」「出生中位（死亡中位）推計：男女年齢4区分別死亡数（総人口）」、厚生労働省「人口動態統計」
*介護施設等：介護医療院、介護老人保健施設、老人ホーム
※ 2020年までは実績値、2021年以降は推計値。

（出典）　https://www.mhlw.go.jp/content/10800000/000911302.pdf

（地域包括ケアシステムにおける在宅医療）

- 緊急往診の提供体制の充実は必要だが，地域連携のもとで計画的な訪問診療が行われることを基本としつつ，検討していく必要がある。
- 地域でICTを有効に活用して情報連携を充実させることは今後の需要増加に対応するにあたり不可欠である。
- 在宅医療の24時間体制については，訪問診療と訪問看護をセットで考え，どのように維持していくかを考える必要がある。
- 在宅医療提供体制は医師が1人で24時間365日の対応をするのではなく，近隣の診療所や中小病院との連携のもとに構築する必要があり，在宅療養移行

加算のような連携のしくみを普及していくのが喫緊の課題である。

- 地域包括ケアシステムを推進するために，在宅医療においては，平時の水平連携と有事の垂直連携の構築やPDCAサイクルに沿った取組みを継続していくことが重要である。
- 地域包括ケアシステムにおいて在宅医療提供体制をシステム化するにあたっては，医師が1人で24時間365日対応するのではなく，近隣の診療所や在宅療養支援病院等との連携のもと構築することが必要である。
- 患者が安心して在宅医療を受けるためには連携の強化や情報共有に加えて，医療の質も確保していく必要がある。

☑訪問診療・往診等について

【改定のための現状認識】

（在宅医療における診療報酬上の取扱い）

- 在宅患者訪問診療料の算定回数は一貫して増加傾向である一方，訪問診療の頻度は近年減少傾向である。また，往診料の算定回数は近年特に増加している一方，地域によって算定回数の増減にばらつきが見られ，人口当たりで最大3.5倍の差が生じている。
- 往診料について，全体の算定回数は横ばいであるが，夜間・深夜往診加算及び休日往診加算の算定回数は近年大きく増加しており，地域によって算定回数のばらつきを認める。
- 小児に対する在宅医療では，訪問診療料の算定回数は増加しており，訪問診療1回当たりの診療報酬が増加している。往診料の算定については，主に都市部において顕著に増加している。
- 在宅時医学総合管理料・施設入居時等医学総合管理料について，情報通信機器を組み合わせた在宅時医学総合管理料・施設入居時等医学総合管理料の算定回数は令和4年度になって増加しているが，算定回数は在宅医総管・施設総管全体の算定回数の0.05％程である。
- 看取りについて，都道府県ごとの看取り加算・在宅ターミナルケア加算の算定回数については，地域ごとにばらつきを認めるが，平成27年度以降，全体的に増加している。
- 緩和ケアについて，在宅がん医療総合診療料は算定回数・件数ともに増加傾向であるが，地域毎に算定回数の差を認める。在宅悪性腫瘍等患者指導管理

料等の算定回数については近年横ばいで推移している。

- 在宅患者訪問診療料（Ⅰ）2について，算定回数は増加傾向であり，依頼した対象病名としては皮膚疾患（28.6％），診療科としては皮膚科（32.1％）が最も多い。
- 在宅療養移行加算について，算定していない理由としては「24時間の往診体制の確保ができない」が最も多かった。
- 訪問リハビリテーションについて，医療保険による在宅患者訪問リハビリテーション指導管理料の算定回数は近年横ばいであるが，訪問リハビリテーションの請求事業所は年々増加している。
- 外来在宅共同指導料について，算定していない理由としては外来在宅共同指導料1については「該当患者の紹介がなかった」が，外来在宅共同指導料2については，「当該点数について知らなかった」が最も多かった。

【改定の方向性】

- かかりつけ医が外来に加えて在宅に尽力している医療機関と在宅医療を専門としているような医療機関では効率性が異なることに留意する必要がある。
- 在宅医療の提供体制の地域差については，都市部での規模の大きいクリニックと地方での点在するクリニックでは事情が異なることに留意しなければならない。地方においては医療機関同士で補完しあう形でかかりつけ医機能を推進していく必要がある。
- 良質で切れ目のない医療提供体制を構築する観点からも，在宅医療の提供の地域差について，要因の把握を行う必要があるのではないか。
- 往診加算の算定回数が増加傾向であることについて，新型コロナウイルス感染症に関する特例の廃止後の動向を注意深く見ていく必要がある。
- 人生の最終段階における医療・ケアについては指針の策定のみに留まらず，意思決定支援が進んだのかどうかといった実効性も含めて，詳しく見ていく必要がある。
- 看取りは死の瞬間までを支えるターミナルケアの充実が重要であり，がんや非がんにかかわらず，緩和医療を提供することが必要である。

☑訪問看護について

【改定のための現状認識】

（訪問看護を取りまく状況）

- 訪問看護の利用者については，2025年以降に後期高齢者の割合が7割以上になることが見込まれている。また，既にピークを迎えている地域もあり，地域差はあるものの，多くの二次医療圏（198の医療圏）においては2040年以降にピークを迎えることが見込まれている。

- 訪問看護における介護保険と医療保険の対象者は，年齢，疾病，状態で区分されており，その状態等に応じて介護保険又は医療保険のいずれかから訪問看護を提供している。原則として，介護保険の給付は医療保険の給付に優先する。

- 医療保険の訪問看護の利用者数の伸びが顕著である。また，在宅医療の中で訪問看護に求められる役割の1つであるターミナルケアの利用者数は近年増加傾向にあり，特に令和3年度は顕著に増加している。

- 訪問看護ステーションの数は増加傾向であり，看護職員が常勤換算で5人以上の訪問看護ステーションが増加している。また，機能強化型訪問看護管理療養費の届出も増加傾向にある。

- 訪問看護に係る医療費及び介護給付費ともに増加しており，医療費の伸び率が大きい。

> ●**Key word** ターミナルケア（終末期医療）
> 延命を目的とした治療を諦めて，身体的・精神的苦痛を除去し，生活の質（QOL）の維持・向上を目的とした処置等。

（訪問看護の実施状況等）

- 訪問看護ステーションの利用者の主傷病は，「精神及び行動の障害」が最も多く，精神科訪問看護基本療養費を算定した利用者の主傷病のうち，統合失調症等の利用者が約半数を占めている。また，訪問看護の利用者のうち，精神科訪問看護基本療養費を算定する者の割合が訪問看護基本療養費を算定する者に比して増加している。

- 24時間対応について，24時間対応体制加算は約9割の訪問看護ステーションが届け出ている。24時間対応に係る課題等として，看護職員の精神的・身体

的負担が大きいことや夜間・休日対応できる看護職員が限られているため負担が偏ること等が挙げられている。

- 同一建物居住者に対する訪問看護，複数名による訪問看護や複数回訪問看護の算定回数・算定割合が増加している。また，夜間・早朝，深夜における訪問看護や緊急訪問看護も同様に増加している。
- 退院日当日の訪問看護は増加しており，別表第8に掲げる者に対する訪問看護が増加傾向にある。

● **Key word**　　別表第8に掲げる者

特掲診療料の施設基準等（厚生労働省告示）別表第八

一　在宅悪性腫瘍等患者指導管理若しくは在宅気管切開患者指導管理を受けている状態にある者又は気管カニューレ若しくは留置カテーテルを使用している状態にある者

二　在宅自己腹膜灌流指導管理，在宅血液透析指導管理，在宅酸素療法指導管理，在宅中心静脈栄養法指導管理，在宅成分栄養経管栄養法指導管理，在宅自己導尿指導管理，在宅人工呼吸指導管理，在宅持続陽圧呼吸療法指導管理，在宅自己疼痛管理指導管理又は在宅肺高血圧症患者指導管理を受けている状態にある者

三　人工肛門又は人工膀胱を設置している状態にある者

四　真皮を超える褥瘡の状態にある者

五　在宅患者訪問点滴注射管理指導料を算定している者

【改定の方向性】

- 訪問看護ステーションが利用者の医療ニーズへの対応や看取り等の支援を行うためには，オンコール対応や緊急訪問など，24時間対応体制を確保する必要があるが，看護職員の精神的・身体的負担が非常に大きくなっていることを踏まえ，看護職員が働く環境の整備，事業所の体制整備や事業所間の連携等の推進を検討していく必要がある。
- 訪問看護ステーションの規模について，効率性の観点からも，大規模化を引き続き推進する方向で検討を進めるべき。
- 精神科訪問看護について，適切なケアが提供されているのかも踏まえ，どのような状態の患者に対して，どのようなサービスが提供されているのか，実態を丁寧にみていく必要がある。

- 精神科訪問看護では，身体疾患を合併した利用者への対応に加え，疾患や障害を持つ利用者の家族等や社会的な課題への対応が求められることがあるなど，複雑困難な対応をしている場合もあることから，必要な方策や評価のあり方を検討すべき。

6　働き方改革の推進

【改定のための現状認識】

（働き方改革に係るこれまでの経緯）

- 働き方改革推進の中で，2024年4月から，医師について時間外労働の上限規制が適用される。診療従事勤務医には年960時間の上限規制が適用されるが，地域医療確保暫定特例水準（B水準）及び集中的技能向上水準（C水準）の医療機関においては，特例的に年1,860時間の上限規制が適用される。
- 令和3年改正医療法において，長時間労働の医師に対し医療機関が講ずべき健康確保措置の整備等が定められ，2024年4月1日に向け段階的に施行されている。

図表1−18　働き方改革の推進

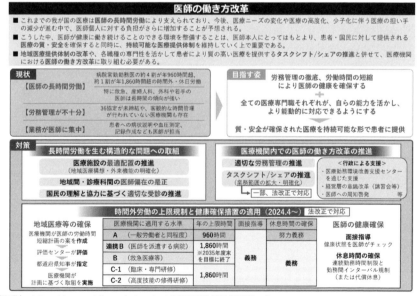

（出典）　https://www.mhlw.go.jp/content/10800000/001129457.pdf

- 年1,860時間の特例的な時間外労働時間の上限も，将来的には縮減方向であり，特に地域医療確保暫定特例水準（B水準）は2035年度末の終了が目標とされている。
- また，勤務医への意識調査において，一定の医師が勤務状況の改善の必要性を指摘している。
- 2024年4月以降も，働き方改革に向けた継続的な取組みが求められる。

（医療従事者の働き方改革に係る取組みへの評価）
- 令和2年度改定において，地域医療の確保を図る観点から，過酷な勤務環境となっている，地域の救急医療体制において一定の実績を有する医療機関について，適切な労務管理等を実施することを前提として，入院医療の提供を評価した地域医療体制確保加算が新設され，令和4年度改定においては施設基準の見直しが行われている。
- 地域医療体制確保加算を算定している医療機関において，時間外労働の時間が月155時間（年1,860時間相当）以上の医師はごくわずかではあるものの，時間外労働時間が月80時間（年960時間相当）以上の医師の割合は，2020年から2022年にかけて増加している。

●**Key word**　地域医療体制確保加算
地域の救急医療体制，周産期医療体制又は小児救急医療体制において重要な機能を担うとともに，病院勤務医の負担の軽減及び処遇の改善に資する取組みを実施する体制を評価するもの。

- 平成30年度改定において，病院に勤務する医療従事者の勤務環境改善の取組みがさらに進むよう，総合入院体制加算の要件となっている病院勤務医の負担軽減等の体制について，対象を病院に勤務する医療従事者全体に拡大し，取組内容を整理した。
- 特定集中治療室管理料等の施設基準においては，一定の医師の治療室内での常時勤務等を求めている一方，評価の内容に応じて，専従要件を緩和し緩和ケア診療加算においてチームのいずれか1人が専従であればよいこととする等，多様な勤務形態を推進する診療報酬上の取組みが行われている。

（タスクシェア・タスクシフトに対する評価）

- 勤務医負担軽減計画を策定し，医師の事務作業を補助する専従職員（医師事務作業補助者）を配置している等，病院勤務医の事務作業を軽減する取組みを評価するため，平成20年度改定において，医師事務作業補助体制加算が新設され，その順次評価の拡大・充実が図られてきた。
- また，医師の働き方改革を推進する観点から，特定行為研修修了者である看護師の配置及び活用の評価についても充実が図られてきた。

（医療従事者の負担軽減等に対する評価）

- 医療従事者の負担軽減等に対する評価として，たとえば，看護職員の負担軽減を図るため，診療報酬では，平成22年度改定から，看護補助者の配置や夜間の看護体制を充実することに対して評価が行われている。

【改定の方向性】

（働き方改革に係るこれまでの経緯）

- 地域医療の継続性や医療の安全性と質の向上が損なわれないようにする必要。医師の働き方改革を通じて勤務医の健康を確保することは，医師個人だけでなく安心，安全な医療提供体制を確保するためにも重要。
- これまで診療報酬や地域医療介護総合確保基金による支援が行われているが，医療従事者の働き方改革は一朝一夕にできるものではなく，さらなる強力な支援が必須。
- 医療従事者が減少しているが，医療機関は公定価格で運営されており，人材確保のためには財源が必要。
- 外来も入院も機能分化や連携を推進することが，勤務医の負担軽減に寄与する。
- 働き方改革の中で，現場では宿日直許可の取得が進められているが，宿日直許可を取得できないような医師にも宿日直が許可されるようなことが常態化してしまえば，医師の働き方改革に逆行してしまうのではないか。宿日直許可と治療室の医師の配置について整理すべきではないか。

（医師の働き方改革に係る取組みへの評価）

- 地域医療体制確保加算と地域医療介護総合確保基金のすみ分けを考えるべき

図表 1 − 19　断続的な宿日直の許可基準について

○断続的な宿日直とは

・本来業務の終了後などに宿直や日直の勤務を行う場合、当該宿日直勤務が断続的な労働と認められる場合には、行政官庁の許可を受けることにより、労働時間や休憩に関する規定は適用されないこととなる。

○断続的な宿日直の許可基準（一般的許可基準）※S22発基17号

・断続的な宿日直の許可基準は以下のとおり。
1．勤務の態様
① 常態として、ほとんど労働をする必要のない勤務のみを認めるものであり、定時的巡視、緊急の文書又は電話の収受、非常事態に備えての待機等を目的とするものに限って許可するものであること。
② 原則として、通常の労働の継続は許可しないこと。したがって始業又は終業時刻に密着した時間帯に、顧客からの電話の収受又は盗難・火災防止を行うものについては、許可しないものであること。
2．宿日直手当
宿直勤務１回についての宿直手当又は日直勤務１回についての日直手当の最低額は、当該事業場において宿直又は日直の勤務に就くことの予定されている同種の労働者に対して支払われている賃金の一人１日平均額の１／３以上であること。
3．宿日直の回数
許可の対象となる宿直又は日直の勤務回数については、宿直勤務については週１回、日直勤務については月１回を限度とすること。ただし、当該事業場に勤務する18歳以上の者で法律上宿直又は日直を行いうるすべてのものに宿直又は日直をさせてもなお不足であり、かつ勤務の労働密度が薄い場合には、宿直又は日直業務の実態に応じて週１回を超える宿直、月１回を超える日直についても許可して差し支えないこと。
4．その他
宿直勤務については、相当の睡眠設備の設置を条件とするものであること。

○断続的な宿日直の許可基準（医師、看護師等の場合）※R1基発0701第8号

・医師等の宿日直勤務については、前記の一般的な許可基準に関して、より具体的な判断基準が示されており、以下の全てを満たす場合には、許可を与えるよう取り扱うこととされている。
① 通常の勤務時間の拘束から完全に解放された後のものであること。
（通常の勤務時間が終了していたとしても、通常の勤務態様が継続している間は宿日直の許可の対象にならない。）
② 宿日直中に従事する業務は、前述の一般の宿直業務以外には、特殊の措置を必要としない軽度の又は短時間の業務に限ること。
例えば以下の業務等をいう。
・ 医師が、少数の要注意患者の状態の変動に対応するため、問診等による診察等（軽度の処置を含む。以下同じ。）や、看護師等に対する指示、確認を行うこと
・ 医師が、外来患者の来院が通常予定されない休日・夜間（例えば非輪番日など）において、少数の軽症の外来患者や、かかりつけ患者の状態の変動に対応するため、問診等による診察等や、看護師等に対する指示、確認を行うこと
・ 看護職員が、外来患者の来院が通常予定されない休日・夜間（例えば非輪番日など）において、少数の軽症の外来患者や、かかりつけ患者の状態の変動に対応するため、問診等を行うことや、医師に対する報告を行うこと
・ 看護職員が、病室の定時巡回、患者の状態の変動の医師への報告、少数の要注意患者の定時検脈、検温を行うこと
※R1基発0701第8号で業務の例示を現代化
③ 宿直の場合は、夜間に十分睡眠がとり得ること。
④ 上記以外に、一般の宿日直許可の際の条件を満たしていること。

※宿日直の許可は、所属診療科、職種、時間帯、業務の種類等を限って得ることも可能（深夜の時間帯のみ、病棟宿日直業務のみも可能）
※R1基発0701第8号で取扱いを明記

輪番日以外の日なども可能です

○ 宿日直中に通常勤務と同態様の業務が生じてしまう場合

・宿日直中に、通常と同態様の業務（例えば突発的な事故による応急患者の診療又は入院、患者の死亡、出産等への対応など）がまれにあり得るとしても、一般的には、常態としてほとんど労働することがない勤務と認められれば、宿日直の許可は可能である（宿直の場合には、夜間に十分睡眠が取り得るものであることも必要。）。

・なお、許可を受けた宿日直中に、「通常と同態様の業務」をまれに行った場合、その時間については、本来の賃金（割増賃金が必要な場合は割増賃金も）を支払う必要がある。

（出典）　https://www.mhlw.go.jp/content/10800000/001128680.pdf

ではないか。

- 地域医療体制確保加算を算定している医療機関で，時間外労働時間が長い医師の割合が高くなっているが，医師の労働時間短縮の取組みが進む施設基準であるべきではないか。
- タイムカード，ICカードによる労働時間の把握を推進すべきではないか。
- 常勤の医師等が要件になっている施設基準について，もう少し柔軟な働き方を認めてはどうか。

（タスクシェア・タスクシフトに対する評価）
- 慢性期病床や在宅医療等においても，特定行為研修修了者が活躍する場があるのではないか。
- 医師の働き方改革では薬剤師の活用が有効と考えられるが，薬局の薬剤師と医療機関の薬剤師の給与格差が大きいと医療機関での確保が難しいため，診療報酬上の手当てが必要ではないか。
- 薬剤総合調整加算については，ポリファーマシー対策の推進から見直す必要があるのではないか。

●**Key word** 薬剤総合調整加算

複数の内服薬が処方されている患者であって，薬物有害事象の存在や服薬過誤，服薬アドヒアランス低下等のおそれのあるものに対して，処方の内容を総合的に評価したうえで，当該処方の内容を変更し，当該患者に対して療養上必要な指導を行う取組みを評価したもの。

●**Key word** ポリファーマシー

多くの薬を飲んでいることにより，薬の相互作用や飲み間違い・飲み忘れ等により正しく薬を飲めなくなることなどから引き起こされる有害事象。

- 看護補助者の確保においては，教育体制の整備や，業務，役割の明確化が必要ではないか。
- 介護福祉士の資格を持つ看護補助者は減っており，診療報酬において処遇の改善を考慮する必要があるのではないか。

●Key word　介護福祉士
専門的知識及び技術をもって，身体上又は精神上の障害があることにより日常生活を営むのに支障がある者につき心身の状況に応じた介護を行い，並びにその者及びその介護者に対して介護に関する指導を行うことを業とする者。

- 介護福祉士は介護の領域で活躍する重要な人材であり，診療報酬で配置を評価することには慎重であるべきではないか。

（医療従事者の負担軽減等に対する評価）

- 看護記録に関して，AIやICTの活用によって業務が効率化されるのではないか。
- 介護におけるロボット等の活用事例が紹介されているが，介護においても全体的に検証事例も少なく，まだまだエビデンスの構築に至っていないのが現実ではないか。医療の現場でロボット等を活用することは，現時点においては時期尚早であり，エビデンスの構築が必要ではないか。

7　診療報酬改定施行時期

- 医療DXを推進するにあたり，診療報酬改定時に，医療機関等やベンダが，短期間で集中して個別にシステム改修やマスタメンテナンス等の作業に対応することで，人的，金銭的に非常に大きな間接コストが生じているとの指摘があったところ。医協総会においては，令和5年4月および8月に議論を行い，令和6年度診療報酬改定より，薬価改定については令和6年4月1日に施行し，薬価改定以外の改定事項については，令和6年6月1日に施行することを事務局が提案し，了承された。

2　「未来病院プロジェクト」とは何か

　未来病院は，これから生き残る医療機関（以下「病院」といいます）です。未来病院プロジェクトとは，これから生き残るためにすべき最低限の項目です（以下，病院の経営の領域についてのみ記述します。「医療」は「医療経済」を指します）。

　未来病院の「未来」の意味は未来投資の「未来」です。未来に向けて，医療資

源を効率的に用い，積極的に設備投資や人材投資を行うことです。そうして生産性を上げ，付加価値を増やし，給与も上がるのです。給与は政府や日銀に言われて上げるものではありません。未来のために上げるのです。

極論すると物価は関係ありません。物価が上がって企業収益が増えて賃金が上がるという，物価と賃金の好循環は少なくとも病院経営では無意味です。物価上昇は病院経営を圧迫します。少なくともすぐに診療報酬に転嫁できないですし，病気やケガは物価と関係なく発生するからです。未来病院では，医療スタッフが実質給与の上昇を求めます。病院経営は今後，付加価値を創造することでしか生き残れないのです。

> ●**Key word**　医療機関
> 医療施設。病院と診療所（クリニック）。

未来病院は今後，医療を中心的に担う組織です。未来病院は，これまでの病院とはまったく異なる組織です。とはいえ，理想でも幻想でもありません。未来は基本的に不確実で誰も予測できませんが，未来病院はすでにはじまっている未来です。

わが国の医療はいま歴史的な構造的変化の中で深刻な課題に直面しています。その課題がコロナ禍で見えてきました。制度に大きな問題がありました。経済全体では，旧来の日本型マイクロマネジメント組織やその経営者の限界が際立ちました（日本型マイクロマネジメント組織に毒されていないオーナー経営者には逆に期待します）。医療経済学の視点でその課題をあらためて抽出し，整理します。

日本が本格的な少子高齢化・人口減少時代を迎える歴史的転換期において，少子化・人口減少に歯止めをかけ，潜在成長率を高めていくには中間層が活躍しないといけません。これからも続く超高齢社会に備えて持続可能な病院を構築する必要があります。中間層には安心が不可欠なのです。それが未来病院のミッションの社会性です。未来病院の構築は，意識や組織の構造的変革です。

未来病院の社会的意義は広くとらえると，患者やその家族の不安への対応はもちろん，ミッションコマンドによる年齢，性別，家庭環境等を問わない多様な働き方，在宅などで誰もが暮らしやすい包摂社会，気候変動への対応，コロナ禍の経験を踏まえた持続可能な提供体制の構築などです。

図表 1-20　人口の推移

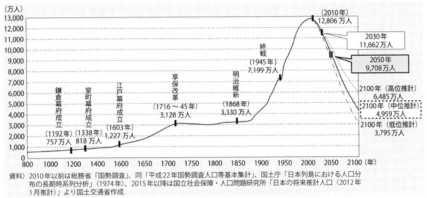

資料）2010年以前は総務省「国勢調査」、同「平成22年国勢調査人口等基本集計」、国土庁「日本列島における人口分布の長期時系列分析」（1974年）、2015年以降は国立社会保障・人口問題研究所「日本の将来推計人口（2012年1月推計）」より国土交通省作成

（出典）　https://www.mlit.go.jp/hakusyo/mlit/h24/hakusho/h25/html/n1111000.html

図表 1-21　人口動態

○　2025年に向けて、高齢者、特に後期高齢者の人口が急速に増加した後、その増加は緩やかになる一方で、既に減少に転じている生産年齢人口は、2025年以降さらに減少が加速する。

【人口構造の変化】

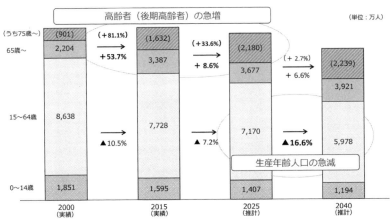

（出典）総務省「国勢調査」「人口推計」、国立社会保障・人口問題研究所「日本の将来推計人口 平成29年推計」

○ 都道府県単位でみると、2025年から2040年にかけて、65歳以上人口が減少する都道府県が発生する（計21県）。他方、引き続き増加する都道府県は計26都道府県で、特に東京都・神奈川県をはじめとする都市部では増加数が大きい。
○ また、75歳以上人口でみると、減少する都道府県は計17府県で、大阪府は減少数が大きい。一方で、75歳以上人口が引き続き増加する都道府県は計30県だが、増加数は緩やかとなる。

出典：国立社会保障・人口問題研究所「日本の地域別将来推計人口（平成30（2018）年推計）」

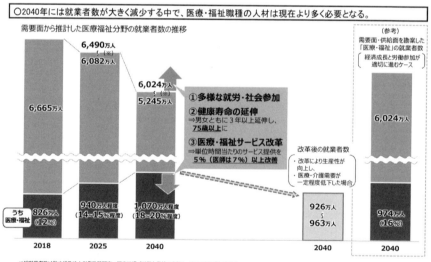

※総就業者数は独立行政法人労働政策研究・研修機構「労働力需給の推計」（2019年3月）による。
　総就業者数のうち、下の数値は経済成長と労働参加が進まないケース、上の数値は進むケースを記載。
※2018年度の医療・福祉の就業者数は推計値である。

（出典）　https://www.mhlw.go.jp/content/10800000/000911302.pdf

1　すべてのスタッフに経営知識が必要

　未来病院においてすべての医療スタッフに共通して必要な知識は経営知識です。

（1）　医療経済の知識が役に立つ

　経営知識は医療経済です。病院の内外において経済効率と経済規模を最大にすることです。

　医療経済は病院の最大利益を前提にします（以下同じ）。そのためには，病院の中でも，役割分担が最も効果的（比較優位の最大実現）（以下「役割分担」「比較優位」といいます）で，生産性が最高にならなければなりません（以下，前提）。個々の病院には最適生産規模（以下「最適規模」といいます）があります。地域では，病院の役割分担で付加価値は最大になります。利益追求が役割分担を実現します。生産性が最高になるには資源の最適配分も必要です（以下，前提）。

　地域で完全競争（以下「競争」といいます）が行われて，医療資源の最適配分により効用の最大化が実現します。病院の中でも，医療資源の最適配分が必要です。病院間の競争が医療資源の最適配分を実現します。

　地域における，こうした役割分担と医療資源の最適配分により最終的な効用の最大化が実現します。

　しかし現実には，利益追求も競争も十分ではありません。

　病院は非営利組織なので，最大利益を追求するべきではない，あるいは追求しなくてもよいという考え方があります。それは大きな間違いです。

　病院の代表的な形態は医療法人です。病院が非営利組織であるというのは，配当しないという意味であって，最大利益の追求は否定されているわけではありません。むしろ事業の継続または拡大については，利益は多いほうがよいに決まっています

　最大利益を達成しているつもりでも診療報酬と限界費用が一致しているというだけで，生産性がさらに向上（他が変わらないとします。以下同様）すればさらに利益を増やすことができます。これまでの病院では設備投資やイノベーションなどによる生産性向上のインセンティブが弱いのです。

　その背景には，地域で競争が不十分なこともあります。診療報酬とりわけDPCにより価格競争はなく，生産性よりも収支が重視されます。患者本位には運用されていません。制度自体というよりは，医療（日本）経済の衰退による水準の低さが問題なのです。医療スタッフの経営知識が不足していたり，旧来のわ

が国の風土によって組織が談合体質や人心浮薄であったり，制度上やむをえず経営者が保身を優先していることなども要因です。そうした組織風土に染まっていないオーナー経営者に期待したいものです。

●**Key word** 医療経済
医療の経済性。医療資源の最適配分と最高生産性により最終的な効用最大化を目指すための指針。

●**Key word** 経済
モノ・サービスの生産・分配・支出（消費や投資）に関する現象。

●**Key word** 経済性
経済における効率性・生産性。

●**Key word** 効率性
ムダがないこと。

●**Key word** 生産性
生産において生産要素の投入に対して得られた産出物の産出の比率。物的生産性と付加価値生産性がある。モノ・サービスを産出するにあたり生産要素がどれだけ効果的に使われたかという評価でもある。式で表せば以下のとおり。

$$生産性＝産出（output）/投入（input）$$

●**Key word** 物的生産性
産出を産出量で示した生産性。

●**Key word** 付加価値生産性
産出を付加価値で示した生産性。

●**Key word** 限界費用
生産量を1単位増加させたときに追加でかかる費用。

●**Key word**　最適生産規模
利益が最大になる生産量。

●**Key word**　生産要素
生産のために投入される労働や資本。

●**Key word**　産出物
生産によって産出されるモノ・サービス。

●**Key word**　資本
設備など物的資本と技術など人的資本。

●**Key word**　資源の最適配分
資源がムダなく配分された状態のこと。

●**Key word**　医療法人
病院などを開設することを目的として設立される法人。

●**Key word**　イノベーション
新結合を創造する行為。経済成長率の要素としては技術進歩率。

●**Key word**　経済成長率
経済成長率（GDP成長率）＝技術進歩率＋a×労働増加率＋（$1-a$）×資本増加率
（aは労働分配率）。

●**Key word**　GDP（Gross Domestic Product　国内総生産）
一定期間内に国内で新たに生み出されたモノやサービスの付加価値。

●**Key word**　労働分配率
付加価値に占める人件費の割合。生産の労働投入に対する弾力性。

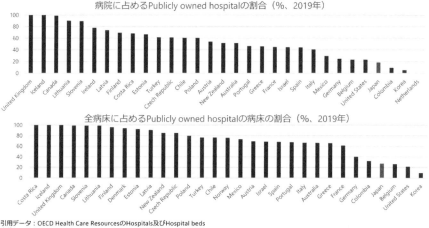

図表 1 －22　病院数・病床数に占める Publicly owned hospital の割合

病院に占める Publicly owned hospital の割合（%、2019年）

全病床に占める Publicly owned hospital の病床の割合（%、2019年）

引用データ：OECD Health Care Resources の Hospitals 及び Hospital beds
定義
・OECDは、Publicly owned hospital を政府やその他公的機関によって所有ないし管理されている病院と定義。
・日本は医療施設調査において、開設者が国ないし公的医療機関に分類されるものを合計しており、以下の開設者を含む：
　厚生労働省、独立行政法人国立病院機構、国立大学法人、独立行政法人労働者健康安全機構、国立高度専門医療研究センター、独立行政法人地域医療
　機能推進機構、その他（国の機関）、都道府県、市町村、地方独立行政法人、日赤、済生会、北海道社会事業協会、厚生連、国民健康保険団体連合会。
※病院数についてはオーストラリアと米国は2018年のデータ。デンマーク、ハンガリー、ルクセンブルグ、ノルウェー、スロバキア、スウェーデン、スイスはデータなし。
※病床数についてはオーストラリアは2016年、米国は2018年のデータ。ハンガリー、アイルランド、ルクセンブルグ、オランダ、スロバキア、スウェーデン、スイスはデータなし。

（出典）　https://www.mhlw.go.jp/content/10800000/000905110.pdf

（2）　全員に経営知識が必要とされる

　未来病院のスタッフには上司がいません。フラットな組織です。すべてのスタッフ1人ひとりがエグゼクティブです。上司に指示されて仕事をするのではありません。ミッションに従い自発的に始めるのです。したがって，すべての医療スタッフに経営知識が必要になります。特に自らの給与の根拠を知らないといけません。

　ある意味で自由ですが，ミッションはアサインされます。ミッションを果たすことに自分の能力を最大限発揮させようとします。生産性の高さは常に意識されます。ミッションの達成には責任を負いますが，やり方は自由です。すべての医療スタッフに経営知識が必要になります。

　医療関係の国家資格ではそれぞれ行為に規制がかけられています。医師などの指示が必要な行為もあります。それらを前提にしたミッションの付与ですが，今後，規制緩和が進むでしょう。

　収益やコストのことも考えなければなりません。利益の源泉がどこにあるのかを常に考えて仕事をしなくてはなりません。ミッションを果たすにもいろいろや

り方があります。その中でもっとも収益性が高く，コストが安い，つまり生産性の高い方法を選ばなければなりません。

　これまでの病院ではほとんどの医療スタッフは経営において，いうなれば歯車でした。基本的に臨床のことだけを考え，必ずしも経営知識は必要ではありませんでした。

　ここで病院経営の向上を目指すとか目指さないとかというのは，気持ちの持ち方というだけではなくて，実際に経営に寄与するということです。

　実際に経営に寄与するといっても，そんなに簡単な話ではありません。医療スタッフはただでさえ忙しいのですが，優先すべきは患者の命です。その中で，経営に寄与するということを意識し実践することは並大抵のことではありません。

　しかし，病院の経営が成り立たなくなれば，患者を持続して診療することができません。どちらも同じくらい重要なのです。ただ，シーンによっては，患者の命を優先しなければいけないことがあるということです。シーンによってそれぞれの濃淡はあるにせよ，根本的には患者の命も病院経営も重要なのです。

（3）　経営知識で生き残る

　日本の病院の生産性は世界の中で特に低いといわれます。生産性が低い理由は明らかで，役割分担と資源の最適配分ができていないからです。そもそも利益追求がおろそかにされている可能性もあります。

　非営利組織であるのは間違いないのですが，事業の継続，成長・発展のためには利益追求が必要です。また医療資源の最適配分のためにも最大利益の実現は不可欠です。

　「人はパンのみに生きるにあらず」とよくいわれますが，使命感だけで医療が成り立っているわけではありません。これまでは，利益を追求しなくてもなんとか存続できました。診療報酬は高いとはいえないですが，安定的にそれなりの水準が保たれていたからです。

　これから消滅する病院は，医療スタッフに病院経営の意識（知識）がないところです。医療スタッフとは臨床の現場で働くスタッフです。経営者または病院の経営部門で働く経営スタッフにそのような意識が必要なことはいうまでもありません。医療スタッフにもそのような意識が必要だということは，これまであまりいわれてきませんでした。なぜなら，医療スタッフにそのような意識がなくても病院経営は成り立っていたからです。むしろ，医療スタッフにとって重要なのは，

たとえば，一刻でも早く患者を救うというような使命感であって，病院経営など
の意識はむしろないほうがよいとさえ考えられていたからです。患者を救う現場
で病院の収支等について考えることは，患者を救うことにつながらないと考えら
れていたわけです。しかし，これは本当に正しい考え方なのでしょうか。

　少なくとも，使命感だけで病院経営が成り立つ保証はありません。たまに使命
感が行き過ぎて，病院経営が危うくなることさえあります。それは短期的には患
者のためになっても，病院が存続することができなくなるかもしれないので長期
的には患者のためになりません。そうでなくても，臨床の現場の人だけが使命感
を持ち，経営者だけが経営を考えるというやり方では最近特に，経営がうまくい
かないことが起こっています。なぜなら，医療現場と経営のあり方がもはや区分
できないほど接近しているからです。

　これから生き残る病院は，医療スタッフに病院経営の意識があるところです。
これからの経営はいままでの経営者だけのものではありません。患者のためのも
のです。病院経営といった途端に，収支のことが先走るのですが，患者やその家
族の共感抜きで語ってはなりません。そういう意味で，現場と経営は無関係では
ないのです。その最大の共通項がミッションです。

　未来病院では医療スタッフは患者とその家族の安心を任されるのですが，事業
の継続にも責任を負います。ある意味，自由なのですが，責任も大きいわけです。

　一方，未来病院の経営者は1人ひとりの医療スタッフのまとめ役，医療スタッ
フのミッションをお金に変える専門職なのです。

（4）　医療経済で検証する

　経済学で医療を検証するというのは，医学とは無関係です。医療経済学は，医
療の効率性や生産・成長性，そのための制度や政策を評価して，あるべき医療経
営へ導くものです。医療経済学は社会全体での医療資源（医療スタッフなどの人
的資源，医療施設・医療機器・医薬品などの物的資源，最新の医療情報など）の
最適な配分や生産性向上のあり方を分析・考察し，医療現場や医療政策に役に立
つ示唆を与えることを目指しています。

　わが国の医療はいま歴史的な構造的変化の手前で，その端緒が現れています。

　全世代で医療を支え，人口減少・超高齢社会の課題を克服するという方向にな
っています。全世代対応型の持続可能な医療を構築するということです。

　病院では人手不足ですが，女性や高齢者の就労を最大限に促進し，タスク・シ

フト／シェアなどの工夫が必要です。資格や仕事の性質も絡んできます。これは未来病院のマネジメントです。

　費用負担については，窓口負担や保険料負担のできる高齢者に比重を移していくこともあります。診療報酬を高めに持続するために求められます。そのうえで，効率的・効果的にサービスが利用できるようにすることです。これは未来病院を含めた地域の効率化・役割分担です。

2　患者の「安心」がミッション

　未来病院でのミッションは患者やその家族の安心です。医療経済学でいう効用が安心なのです。もちろん病気やケガを治すことが一義的ですが，それはステップの1つにすぎません。医療はアートといわれます。医療は，患者やその家族を安心させる技術です。医療はサービス業です。サービス業である以上，顧客の価値が重要です。顧客の価値は理屈ではありません。人間の生々しい欲望です。それに応えられない限りはサービス業は持続しません。

The practice of medicine is an art, based on science.
それは普遍的な価値です。

Art is long, life is short.
ここでいうArtは医療です。

ホスピタルの基本はホスピタリティです。

　これまでの医療現場の使命は患者の救命や治療でしたが，高齢者がほとんどになってきたいま，病院全体のミッションは患者やその家族の安心に変わろうとしています。そのようにミッションが社会課題に広がってきたので，医療スタッフも経営を意識して行動しなければならなくなりました。経営者も，DPCの在院日数短縮やコスト削減ばかりに目がいってましたが，これからは利益だけでなく現場の使命をより受けとめ，安心というミッションを基本に経営を展開していかなければいけません。

　DPCや診療報酬などの制度がこうしたミッションに応えているとはいえず，抜本的な改善が求められます。制度自体ではなく，水準の低さが問題です。

顧客である患者とその家族の満足度が最も基本的な指標です。満足度のフィードバックに本当に問題があれば，真摯さがある人とない人が交代するのみです。真摯さに問題があるケースです。真摯さは天性のものであって，努力では変わらないからです。

（1）　病院の価値観

病院が持続・発展のために生産性を上げ，また，病院によって地域の住民が効用を増やしていくためには，まず病院のミッションは何かということを再認識しなければなりません。

病院のミッションは患者やその家族の安心であるべきです。患者もその家族も満足感としての安心を求めるからです。それは動物的な欲望です。シンパシーです。

組織に属して仕事をしていると，どうしても組織内の価値観に照準を合わせてしまいます。一般の会社でしたら，現場と経営者で価値観がほぼ同じですが，病院では異なります。現場は救急に象徴されるように患者の救命や回復が大きな価値です。経営者は一般の企業と同様，収益や利益の向上が価値になります。ただ，非営利組織なので，利益の追求は一般の企業よりも弱い現実があります。

未来病院のミッションは，患者やその家族の安心です。現場はこのミッションにフォーカスしますし，経営者はこのミッションを踏まえた経営を行います。現場のスタッフは経営感覚を持ちます。経営者は一般の企業と同様の利益追求やそのための生産性向上に努めます。

これまでの病院と未来病院の価値観の違いをまとめると，これまでとはミッションが異なることを現場や経営者が共有し，そのうえで現場も経営感覚を持ち，経営者もミッションを前提とした利益追求を行うということです。現場と経営者は役割は違えど，安心というミッションと利益という目的を共有するのです。

これまで，DPCという診療報酬の支払制度に引きずられるような形で，やみくもに患者をより早く治し退院させるようなことが平然と行われてきました。これは診療としてもどうかと思いますが，何より間違いなのはミッションから大きく外れていることです。患者を早く退院させたいがために，入院当初から退院後の行き先を探すように患者の家族に迫ります。早期退院させるということが診療にとっても経営にとっても有益であるかのような錯覚が蔓延し，患者や家族は大きな不安を抱えることになります。これは現代のわが国の医療の最大の汚点にな

っています。誰も指摘はしないかもしれませんが，病院のミッションから考えると明らかに逆行しています。

そもそも，複雑系である人間をこのような分類で一律に扱ってよいものかよくわかりません。

とにかく患者を早く退院させることが第一という人心浮薄に囚われていないでしょうか。自己満足で終わっていないでしょうか。

顧客価値は何かということを忘れています。これを忘れてしまった経営は長続きしません。なぜなら病院や会社というのは，顧客がないと成り立たないからです。仕事の評価などは，顧客がどれだけ増えたのか，顧客の価値にどれだけ応えたのかというような基準で判断をしなければなりません。そうでなければ自己満足に過ぎないのです。

一般の企業の場合もそうですが，顧客の価値というのは極めて感情的なものであり生々しいものです。顧客の欲望は，動物的な欲望に基づいているからです。これが，かつてアダム・スミスが強調した，シンパシーを得るということです。

（2） 安心という付加価値

診療報酬も安心に基礎をおくべきです。現在のDPCや診療報酬はそもそも患者本位とはいえませんが，時代遅れです。病気やケガを治せばよいというものではありません。仮に診療報酬が治すことしか明確に反映していないように見えていても，安心を目的にすべきです。

料理店を想像してください。顧客はどの料理店を選ぶのか。美味しいところを選ぶはずです。栄養を提供すればよいというわけではありません。同じ材料でも美味しいものを提供するのは料理人の腕次第です。

明治維新以降，日本の人口は急速に増加しました。それに併せて医療も発展してきました。ただ，戦争や高度成長の中で病気やケガを治してできるだけ早く戦場や現場に復帰させる機能が大きかったのです。そのため，医療は病気やケガをはやく治すことに重点が置かれました。

いま医療の対象の中心は高齢者です。求められているのは安心です。その基盤にあるのは個人の尊厳です。個人の尊厳に基づかないいかなる活動も持続しないわけです。医療ほど個人の尊厳に直結した活動はありません。重要なのはコストではなく付加価値です。付加価値で診療報酬を評価すべきです。私たちは最終的な付加価値を増やすために，生産性・効率性を高めることができます。最終的に，

全体の付加価値とともに，1人当たりの付加価値も増やさないといけません。それが付加価値生産性です。それが給与です。

> ●Key word　付加価値
> サービスや商品の売上から原材料費などを差し引いた価値。

　患者やその家族の尊厳を尊重することは，安心させることです。安心が付加価値です。安心が診療報酬であるべきです。いかに少ない人員と設備で効率よく，より高い安心を得られるようにするかが最終的な病院の生産性です。そういう生産性を高めつつ，最大利益を実現するのが病院経営です。生産性の向上は全体の付加価値を増大させ，利益は設備投資に回り，イノベーションや最適な役割分担もともなってさらに生産性を高めます。

　日本の現在の診療報酬は国際的に低すぎ，画一的で，多くの優秀な医療スタッフの活躍を阻んでいます。結果として，国民の生命が脅かされています。医療経済の国際競争力も落ち，国民を貧しくしています。

　安心は安心したいという人間の欲望です。付加価値は本来，GDPの統計でいえば個人消費になります。医療費は多くが政府支出ですが，形のうえで政府が肩代わりしているだけで，実質的には個人消費です。個人消費はいうなれば人間の欲望です。人間が欲望を満たすために払ってもよいという金額の合計です。ですから，とても個性的であり主観的であり多様性があります。

　たとえばゴルフですが，ファンはたくさんいます。一方で，あんな白いボールを追いかけて何が楽しいんだという人もいます。ただ，ゴルフが楽しく欲望が満たされるのであれば，それが個人消費です。ゴルフの場合，接待ゴルフというのがあって，商談のプロセスとして行われる場合があります。これは経済的にいうと消費財ではなく生産財ということになります。生産の場では，売上と材料費の差が付加価値になります。接待ゴルフの場合は材料費の中に含まれるので，接待ゴルフ自体は付加価値ではありません。しかし，接待ゴルフを基盤にして新たな付加価値が生まれるわけです。また接待ゴルフも売上と材料費の差が付加価値になります。こうしてそれぞれの生産の場でつけられた付加価値の累積が最終的に個人消費として付加価値に表現されるわけです。生産財も最終的には付加価値につながっていくわけです。

（3） DPCで追い出すのは論外

　未来病院は，DPCで在院日数が長くなると収益が落ちるという理由で患者を追い出したりはしません。患者は電気製品ではありません。行き先をちゃんと用意してから退院をお願いします。行き先を探すのはそもそも患者やその家族の義務ではありません。

　DPCを信奉して，病院のミッションは早く病気を治すことと勘違いしている人がいます。医療はアートというのは，患者やその家族を安心させる技能です。ホスピタルとはそもそも，ホスピタリティを提供する場です。

　病院と一般企業が経営においてまったく違うのは，経営の推進力が現場のスタッフの使命感によるところが大きいところです。しかも，これまでは特にその使命は一義的には経営とは無関係のように語られてきました。そこを経営者が利用し，在院日数の短縮化があたかも診療の成績のように見せて収益とリンクさせてきました。現場の使命と経営者の目的は分離していました。

　これまでは，使命というのは患者の救命と回復でした。ある意味とてもシンプルで，情熱や意識を注ぎ込みやすい使命です。しかし，超高齢社会となり，その使命は，患者やその家族を安心させることに比重が移っています。ミッションが臨床自体から社会的課題に移っているのです。そのことを現場も経営者も再認識すべきです。

　安心というミッションのため，現場の医療スタッフは経営感覚を身に付けて持続可能な働きをして，経営者はミッションを前提にして専門職として利益追求を行うのが未来病院なのです。役割は違えど，ミッションは共通です。

●Key word　超高齢社会

65歳以上の人口（老年人口）が，総人口（年齢不詳を除く）に占める割合（高齢化率）が21％超の社会。

○　2025年から2040年にかけて65歳以上の人口が増加する医療圏（135の医療圏）では、65歳以上の退院患者数は2040年に向けて15%増加するが、そのうち、介護施設等（介護老人保健施設、介護老人福祉施設、社会福祉施設）へ退院する患者数は34%増加し、他の医療施設へ退院する患者数は18%増加すると見込まれる。
○　2025年から2040年にかけて65歳以上の人口が減少する医療圏（194の医療圏）では、65歳以上の退院患者数は2040年に向けて減少するが、そのうち、介護施設等へ退院する患者数は16%増加し、他の医療施設へ退院する患者数は微増すると見込まれる。

退院患者の退院先の推移

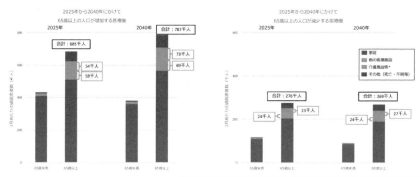

出典：患者調査〔平成29年〕「推計退院患者数、入院前の場所×性・年齢階級別」「推計退院患者数、退院後の行き先×性・年齢階級別」
　　　国立社会保障・人口問題研究所『日本の地域別将来推計人口〔平成30（2018）年推計〕』
※ 介護施設等：介護老人保健施設、介護老人福祉施設、社会福祉施設
※ 退院患者数は、患者調査の時点での人口を用いて受療率を算出し、将来の推計人口を掛け合わせて算出した。
※ 福島県は市区町村ごとの人口推計が行われていないため、福島県の二次医療圏を除く329の二次医療圏について集計。

（出典）　https://www.mhlw.go.jp/content/10800000/000911302.pdf

（4）　持続しなければならないミッション

　患者とその家族の安心というミッションは経営と直結し，経営そのものです。社会的課題でもあり，持続可能なものでなければなりません。そのため，現場の医療スタッフにも経営知識が必要になります。経営者はこのミッションを踏まえた経営を行わなければなりません。どんなに利益を上げても，このミッションに反すれば，許容されません。未来病院は，メディアや学者のノイズに乱されずに，常に正しい道を行く孤高の最後の砦なのです。

　患者やその家族の安心のためには，病院は持続していかなければなりません。なくなってしまうようでは，患者やその家族の安心に応えているとはいえません。そういう意味で，現場のスタッフに経営知識が求められてきたのです。

　病院は非営利組織で，一般の企業とは異なり，利益追求を目的にはしていません。しかし，組織を維持していくためには，コストを負担するだけの収入が必要であり，より良い医療を提供していくためには，未来に向けた投資も必要になってきます。ベターな医療を提供し続けるために利益の最大化が常に求められるわけです。

　株式会社などでは，資本を外部から賄うことになるので，外部の投資家に対して利益を分配していくことが必要になってきます。病院の場合は，株式会社は認められていないので，外部の投資家のための利益は必要ではありませんが，より良い医療の提供を目指して，常に新しい技術を導入し，より広く地域への医療の提供を目指すために利益が求められます。

　経営者も診療報酬だけを考えていればよい時代は終わりました。いまや診療報酬の社会的意味を理解しないと経営が成り立たないのです。現場と経営者がこのミッションと経営感覚を互いに共有し合う必要が出てきたのです。

　あるクリニックの先生が自分はレ・ミゼラブルの主人公ジャン・バルジャンのように社会に尽くすんだといっていました。現場で医師や医療スタッフを突き動かしているのはこうした使命感なのだと思います。しかし，市井の人からすると，ジャン・バルジャンは社会に尽くそうと生きていたわけではありません。社会に対する激しい憎しみが起点です。そこにコゼットという少女が現れて，ジャン・バルジャンはコゼットに尽くそうと生きたわけです。結果的に社会のためになったかもしれませんが，エンジンは憎しみと愛でした。

　医療のエンジンは使命感ですが，これがうまく社会のニーズと噛み合えばよいと思います。社会のニーズすなわち顧客の満足は欲望です。そこには，1杯目のビールのほうが2杯目よりも満足度が高いというシンプルな法則（限界効用逓減の法則）があるだけです。そうした経営感覚もスタッフに必要になってきたのです。

（5）　在宅医療

　コロナ禍に十分機能しなかった日本の医療ですが，そもそも在宅医療の未整備が目立ちました。なぜ日本では在宅医療が進んでいないのかは，医療の目的が病気やケガを治すことであって，支えるものではないという感覚が根強くあるからです。ここでも安心が軽視されていたわけです。

図表 1 −24　診療種類別国民医療費構成割合

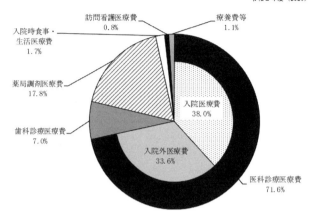

令和 2 年度（2020）

訪問看護医療費
0.8%

療養費等
1.1%

入院時食事・
生活医療費
1.7%

薬局調剤医療費
17.8%

歯科診療医療費
7.0%

入院医療費
38.0%

入院外医療費
33.6%

医科診療医療費
71.6%

（出典）　https://www.mhlw.go.jp/toukei/saikin/hw/k-iryohi/20/dl/data.pdf

図表 1 −25　医療需要の変化　在宅患者数は，多くの地域で今後増加する

○　全国での在宅患者数は、2040年以降にピークを迎えることが見込まれる。
○　在宅患者数は、多くの地域で今後増加し、2040年以降に203の二次医療圏において在宅患者数のピークを
迎えることが見込まれる。

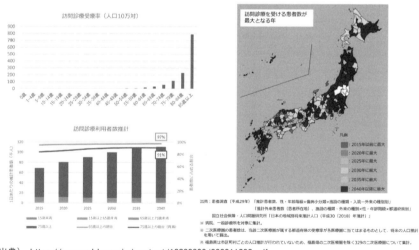

（出典）　https://www.mhlw.go.jp/content/10800000/000911302.pdf

58

3　基本は「ムダ？」のために

　医療は人の命を対象にして，救命や治療に貢献し，患者やその家族から感謝される崇高な職業として扱われています。特にドクターは「先生」と呼ばれ，尊敬を集めています。

　戦争のときや高度成長期と違って，いまや患者の多くが高齢者です。高齢者を診療したところで高齢者は生産力にはならないので，高齢者の診療・療養などに財源を割くのは無駄ではないかという人もいます。子どものほうが重要ではないか，そちらのほうに財源を移転すべきともいう人もいます。

> ● **Key word**　診療
>
> 診察と治療。

> ● **Key word**　療養
>
> 治療と養生。病気やけがの手当てをし，からだを休めて健康の回復をはかること。

　付加価値を分配するときに，現役の世代は実際，本来受け取れる分配よりも少ない分配を受け取ることになります。医療等の費用として保険料等を負担するからです。その際，現役世代の個人消費や設備投資は抑制されることになります。

　このロジックだけからすると現役世代にとってみたら医療はまさに重荷であって，自らを抑圧する存在です。医療サービスを提供するドクターをはじめとした医療スタッフの献身的な働きについてもそのような見方が成り立ってしまいます。

　これらは今後の日本の選択です。ただ，生産力にならない高齢者に財源を割くのはムダではないかという指摘については誤解を解かないといけません。そもそも私たちの経済は「ムダ」のためにあるといっても差し支えありません。ここでいう「ムダ」は非効率という意味ではなくて，主観的なもの，他者から見ると価値のないものと思われても仕方がないものです。

　そもそも経済というのはこのような一見「ムダ」ともいわれかねないもののためにあるのであって，あるいは「ムダ」こそ経済の本質かもしれません。私たちが何のために生きるのかということは，生まれた以上欲求を満たすために生きるのだということに尽きます。経済も社会もそのために存在するのです。

　どういうことかといいますと，私たちの付加価値を支出の面から見ると，個人消費が過半を占めます。この個人消費というのは生産に役に立つものかどうかは明確ではありません。仮に生産に役に立つものだということであれば，中間生産

物として扱われるので，付加価値からは除外されます。要は，生産にはっきり役に立たないようなものを個人消費と呼んでいるわけです。

　「役に立つ，役に立たない」というのも主観的なものであって，たとえば，旅行が好きな人にとってみたら旅行は価値がありますし，そうでない人にとってみたら価値はありません。たとえば，ゴルフ好きな人にとってみたらなくてはならないものですが，そうでない人にとってみたら，白い球を転がしてどこがおもしろいの，というようないい方さえされます。要は，人間の欲望とか，その具体的なかたちの趣味やスポーツなどというのは主観的で曖昧で多様です。人間が何に満足をするのかというのははっきり定義できないのです。とりあえず，お金を出してでも欲しいものというのが個人消費なわけです。

　医療は政府支出で対応することが多いのですが，もともとは個人消費に属するものです。高齢者に診療を施したり，長生きをしてもらうということは本人にとってはもちろん家族にとっても望ましいことです。もっとも基本的な欲望の1つです。この医療についてムダという意見があったとしても，医療に対してお金を払うという個人的な意思や欲望がある限り医療は価値があるのです。

　かつて医療費亡国論というような意見があって，高齢者が増えると医療費が増え国を滅ぼすという考え方がありました。確かに財政支出を増加させるという意味では，財政の硬直化や肥大化が懸念されます。しかしそもそもそれは個人消費の肩代わりであるので，それ自体がムダかというとそうではありません。高齢者が増えることで付加価値が減るかというとそうではなくて，むしろ付加価値を生む基礎となってGDPを成長させることに役立っています。医療そのものだけではなくて，介護やあるいは医療関連の産業まで含めるとGDPのかなりの水準まで医療関係が占めます。資本の蓄積やイノベーションのように経済成長を牽引する可能性があります。

　問題となるのはその効率性・生産性です。資源は有限なので，特に医療資源は限られているので効率的に使わないといけません。そのうえで生産性が問われます。残念ながら，日本の医療の生産性は国内で見ても世界的に見ても低いといわざるを得ません。診療報酬は比較的低く評価されているので，付加価値生産性はかなり低いです。そのため給与も低くならざるを得ないのです。

　したがって，今後の課題としては，医療資源の最適な配分を実現しながら生産性を高めることです。医療スタッフを増やすだけではなく，役割分担を効果的に設定し，付加価値労働生産性を上げて給料を上げることです。資本を集積して労

働生産性を上げることです。イノベーションを起こし生産性を上げることです。

　国民経済にとっても医療は最も基本的なサービス業であって，生産性を上げ医療を拡大してかつ効率を上げていくことで経済成長をもたらすことが求められています。国際的な比較優位はとてもあるので，医療を輸出していく（医療ツーリズムなど，海外から患者が来るインバウンドも含む）ことが望まれます。国内の付加価値は増え，経済成長を牽引することが期待できます。

図表 1 −26　終末期医療の決定プロセスに関するガイドライン

1　終末期医療及びケアの在り方

① 医師等の医療従事者から適切な情報の提供と説明がなされ、それに基づいて患者が医療従事者と話し合いを行い、患者本人による決定を基本としたうえで、終末期医療を進めることが最も重要な原則である。

② 終末期医療における医療行為の開始・不開始、医療内容の変更、医療行為の中止等は、多専門職種の医療従事者から構成される医療・ケアチームによって、医学的妥当性と適切性を基に慎重に判断すべきである。

③ 医療・ケアチームにより可能な限り疼痛やその他の不快な症状を十分に緩和し、患者・家族の精神的・社会的な援助も含めた総合的な医療及びケアを行うことが必要である。

④ 生命を短縮させる意図をもつ積極的安楽死は、本ガイドラインでは対象としない。

2　終末期医療及びケアの方針の決定手続

終末期医療及びケアの方針決定は次によるものとする。

（1）患者の意思の確認ができる場合

① 専門的な医学的検討を踏まえたうえでインフォームド・コンセントに基づく患者の意思決定を基本とし、多専門職種の医療従事者から構成される医療・ケアチームとして行う。

② 治療方針の決定に際し、患者と医療従事者とが十分な話し合いを行い、患者が意思決定を行い、その合意内容を文書にまとめておくものとする。

　上記の場合は、時間の経過、病状の変化、医学的評価の変更に応じて、また患者の意思が変化するものであることに留意して、その都度説明し患者の意思の再確認を行うことが必要である。

③ このプロセスにおいて、患者が拒まない限り、決定内容を家族にも知らせることが望ましい。

（2）患者の意思の確認ができない場合

患者の意思確認ができない場合には、次のような手順により、医療・ケアチームの中で慎重な判断を行う必要がある。

① 家族が患者の意思を推定できる場合には、その推定意思を尊重し、患者にとっての最善の治療方針をとることを基本とする。

② 家族が患者の意思を推定できない場合には、患者にとって何が最善であるかについて家族と十分に話し合い、患者にとっての最善の治療方針をとることを基本とする。

③ 家族がいない場合及び家族が判断を医療・ケアチームに委ねる場合には、患者にとっての最善の治療方針をとることを基本とする。

（3）複数の専門家からなる委員会の設置

上記（1）及び（2）の場合において、治療方針の決定に際し、

・医療・ケアチームの中で病態等により医療内容の決定が困難な場合

・患者と医療従事者との話し合いの中で、妥当で適切な医療内容についての合意が得られない場合

・家族の中で意見がまとまらない場合や、医療従事者との話し合いの中で、妥当で適切な医療内容についての合意が得られない場合

等については、複数の専門家からなる委員会を別途設置し、治療方針等についての検討及び助言を行うことが必要である。

（出典）https://www.mhlw.go.jp/shingi/2007/05/dl/s0521-11a.pdf

第1章

消滅する病院，生き残る病院

61

4　企業経営との根本的な違い

　未来の病院経営と一般の企業経営との根本的違いは，ミッションが利益追求と直接関係ないことです。非営利の組織だからです。未来病院ではミッションは患者やその家族の安心であり，売上とか利益とかではありません。

　一般の企業では，現場のミッションでも売上や利益そのものだったり，それらがかなり意識されたミッションになっています。

　未来病院では，ミッション達成のため，経営者は，もともと現場のものであった使命を絶対的に前提として利益を追求し，現場の医療スタッフも経営知識を持ちます。ミッションがより広範に社会課題とより密接となり，持続可能性がより求められているからです。経営者と現場は役割は違いますが，患者やその家族の安心というミッションと，利益追求という企業目的を共有するのです。

　これまでの病院では，経営者は必ずしも現場の使命を前提とした経営を行っておらず，現場の医療スタッフも利益追求などの企業目的には無関心なところがありました。現場の使命と経営者の目的が役割とともに分離していました。

　価格が国で決められているのも一般の企業との大きな違いです。そのため，生産性を上げてサービス価格を下げたり，価格競争に勝つ（相手を消滅させる）ことができません。そのため効率性や生産性のあまり良くないような病院が地域に共存するようなことも起こってきます。ただ，それはあくまで制度に原因があります。

　このように制度の影響を強く受けている一方で，病院経営は，現場の使命感が尊重されるだけあって独立性・自律性が強い面があります。そのため，これまでの日本型マイクロマネジメント組織に属せず，正しい直観的判断ができる経営者，たとえばオーナー経営者が向いているともいえます。

5　医療の価格が動かせない

　医療の価格である診療報酬は基本的には一律で，変動しません（2年に1度改定され，地域差も多少あります）。つまり，病院のサービスの価格は国が定めているので，病院間ではサービスの価格競争がありません。このことは病院の経営構造を通常の企業経営とは異なるものにしています。未来病院でも同じです。

（1）　地域の非価格競争

　地域における病院の競争は非価格競争です。もともと医療は地域性の高いサー

ビス業です。患者は通院のために遠くまで行けません。患者は地域の中で病院を選ぶことになります。医療スタッフも遠くまで行けません。在宅医療についても医療スタッフは遠くまでは行けません。もともと病院は地域産業なのです。

　私たちが非価格競争の一部とみなしていることに人材や設備があります。生産性が高ければ，病院は給与や設備投資を増やすことができます。一般の企業では，生産性が高ければ価格を下げ競争に勝とうとしますが，診療報酬は一定なので，もっぱら給与や設備投資の価格競争になります。比較優位な価格で人材や設備を充実させることもできます。しかし，こうした生産要素の価格競争はそれほど目立っていません。コスト意識が先に立ち，給与も設備投資も後ろ向きです。

> ●**Key word**　非価格競争
> 供給しているモノ・サービス価格以外の競争。

> ●**Key word**　地域産業
> 中小企業などが，一定の範囲の地域において，労働，資本などの生産要素をもとに特定の産出物を産出する産業。

　その他の非価格競争も経営に直結するほど致命的ではありません。患者数の差も混み具合もあって平準化するので，大差はつきません。患者数を左右するほどの医療の質の差は患者サイドにはわからないのです。

　このとき経営構造は歪んでいます。生産性向上はなされず，非効率が温存されます。最大利益の追求も中途半端で，限界費用と診療報酬は一致せず，規模も最適ではありません。規模や固定費が硬直化し，利益を喪失します。給与も設備投資も，一つ覚えのようにDPCの収支差が信じられて，低迷し生産性を下げます。医療資源の無駄遣いも改善されないままです。それでも生き残っていられるのは，真剣に効率性・生産性を上げなくても，そこそこの収入があるからです。そこそこの収入に対してひたすらコストを抑制しようとするのが経営になっています。そういう経営で地域に効率性も生産性も高くない病院が共存するのです。

　ただ，それは制度に起因する問題です。そうした状況を打開するために未来病院が期待するのは，これまでの日本型マイクロマネジメント組織に属していなかった稀有の病院経営者の本領発揮です。

●**Key word**　固定費

規模を一定としたとき，生産量の変化にかかわりなく生じる費用。

　未来病院は競争の中で一般企業のように効率性・生産性を高めます。

（2）　マーケットでは上昇圧力

　すぐに価格としての診療報酬が変動しないということは，少なくとも短期的には価格のバロメータ機能とパラメータ機能がないことを意味します。需給が変動しても価格は動かず，価格を変動させても特に需要は変わりません。

●**Key word**　価格のバロメータ機能

需給差によって価格が変動すること。

●**Key word**　価格のパラメータ機能

価格によって需給が調整されること。

　診療報酬が公定価格になっているのは，患者の病気やケガが診療報酬とは関係なく発生するからです。病気やケガのとき医療は必ず必要です。価格がマーケット・メカニズムで決まるとしたら，供給側によって実質的に決められることになり無制限に高くなる可能性があります。仮に供給が需要を超過していても，縮小や撤退は起こっても価格が低下するとは限りません。診療報酬を国が決めることで，医療の価格が吊り上げられ国民の負担が増えることを防止します。

　もし診療報酬が上がれば，病院は最大利益を目指して限界費用と診療報酬が一致するところまで供給を拡大します。他の病院の参入も考えられます。しかし，需要が供給を上回っている保証はありません。供給増の結果，供給過剰になるかもしれません。いずれも患者が十分来ない可能性があります。そこで，価格は高いまま供給を減らします。縮小や撤退です。診療報酬を下げても超過供給が残る場合は同じことが起こります。

　逆に，診療報酬の上昇に伴い拡大や参入しても需要に追いつかない可能性があります。採算がとれるところまでしか供給が行われないからです。これは待ち時間や予約によって調整されます。診療報酬が下がって需要超過になっても同じことが起こります。

　未来病院は需要がある限り，診療科を拡大します。その際，効率性・生産性の

向上によって採算の取れる規模を拡大します。

　医師の働き方改革もあって，今後想定されるのは慢性的に，診療報酬が需要に応えるほど供給をもたらさない場合です。このときは供給不足が生じ，現実的には順番待ちのアンメットが続きます。

> ●**Key word**　公定価格
> 政府が決めるモノ・サービスの価格。

（3）　中小病院を増やす

　地域で医療スタッフの労働市場の効率性が高いと，少しでも高い給料を出せばすぐにスタッフが集まってくるので，高い給料を支払える生産性の高い病院にスタッフが集中します。病院の規模は大きくなります。

　しかし現実には，スタッフに経営知識が不足しているので，労働市場は効率的に機能しません。病院は本来支払うべき給料より低い給与でスタッフを雇用できるので，目先の利益を上げやすくなります（生産性は下方圧力）。この利益が潜在するので，たくさんの病院がつくられ，病院の平均規模が縮小します。制度上どうしても，効率性や生産性の高いとはいえない病院が地域で多数共存することになります。

　地域では価格規制と同時に数量規制がなされています。いわゆる病床規制です。そのため，比較優位があるからといって自ら病床数を増やすわけにはいきません。しかし，手術数や病床利用率，疾病構造，病床転換など規制の中での特化はありえます。しかし，あまりそういうことは起こっていません。

　病床規制があるのは，価格規制だけだと需給の調整ができないからです。マーケットに数量調整を任せると，価格が低いままでの供給不足や価格が高いままでの供給削減が行われます。需要は診療報酬と関係なく発生するので数量を調節します。

　典型的なのは医療計画の5疾病6事業及び在宅です。

　これからは未来病院しか生き残れません。未来病院は病院経営者の高い潜在能力に期待します。

> ●**Key word**　5疾病
> がん，精神疾患，脳卒中，急性心筋梗塞，糖尿病。

●**Key word**　6事業

救急医療，災害時における医療，へき地の医療，周産期医療，小児医療（小児救急医療を含む。），新興感染症等。

※2024年度から新興感染症等が追加される。

●**Key word**　医療法

第三十条の四　都道府県は，基本方針に即して，かつ，地域の実情に応じて，当該都道府県における医療提供体制の確保を図るための計画（以下「医療計画」という。）を定めるものとする。

2　医療計画においては，次に掲げる事項を定めるものとする。

一　都道府県において達成すべき第四号及び第五号の事業並びに居宅等における医療の確保の目標に関する事項

二　第四号及び第五号の事業並びに居宅等における医療の確保に係る医療連携体制（医療提供施設相互間の機能の分担及び業務の連携を確保するための体制をいう。以下同じ。）に関する事項

三　医療連携体制における医療提供施設の機能に関する情報の提供の推進に関する事項

四　生活習慣病その他の国民の健康の保持を図るために特に広範かつ継続的な医療の提供が必要と認められる疾病として厚生労働省令で定めるものの治療又は予防に係る事業に関する事項

五　次に掲げる医療の確保に必要な事業（以下「救急医療等確保事業」という。）に関する事項（ハに掲げる医療については，その確保が必要な場合に限る。）

　　イ　救急医療

　　ロ　災害時における医療

　　ハ　へき地の医療

　　ニ　周産期医療

　　ホ　小児医療（小児救急医療を含む。）

　　ヘ　イからホまでに掲げるもののほか，都道府県知事が当該都道府県における疾病の発生の状況等に照らして特に必要と認める医療

図表1－27　病床の規模別にみた施設数

	施設数		対前年			構成割合(%)	
	令和3年 (2021)	令和2年 (2020)	増減数		増減率 (%)		令和3年 (2021)	令和2年 (2020)
病　　院	8 205	8 238	△　33	△　0.4	100.0	100.0
20～49床	908	909	△　1	△　0.1	11.1	11.0
50～99	2 048	2 061	△　13	△　0.6	25.0	25.0
100～149	1 421	1 424	△　3	△　0.2	17.3	17.3
150～199	1 365	1 368	△　3	△　0.2	16.6	16.6
200～299	1 032	1 036	△　4	△　0.4	12.6	12.6
300～399	674	677	△　3	△　0.4	8.2	8.2
400～499	366	369	△　3	△　0.8	4.5	4.5
500～599	162	161	1	0.6	2.0	2.0
600～699	110	111	△　1	△　0.9	1.3	1.3
700～799	38	42	△　4	△　9.5	0.5	0.5
800～899	29	28	1	3.6	0.4	0.3
900床以上	52	52	－	－	0.6	0.6
一般診療所（有床）	6 169	6 303	△　134	△　2.1	100.0	100.0
1～　9床	1 774	1 787	△　13	△　0.7	28.8	28.4
10～19	4 395	4 516	△　121	△　2.7	71.2	71.6

（出典）　https://www.mhlw.go.jp/toukei/saikin/hw/iryosd/21/dl/02sisetu03.pdf

6　ミッション・コマンド組織

　未来病院はフラットなミッション・コマンド組織です。ミッション・コマンド組織はフラットが理想です。本書では，フラットなミッション・コマンド組織を「ミッション・コマンド組織」と表現します。

　ここでいうミッション・コマンドとは，ミッションを付与したらあとは自由にやらせるということです。もちろん，ミッションは外してはなりません。ミッション・コマンドは，自主性を重んじる医療スタッフの組織，つまり病院に向いています。複雑系の人間や社会を対象に瞬時の判断が求められるという意味でも病院はミッション・コマンドが最適です。実際に欧米ではミッション・コマンドの医療組織が大成功を収めています。

> ●**Key word**　ミッション・コマンド（Mission command）
> 決められた範囲内で行動の自由と速度・主動性を促進させるために，集中型企図と分散型実行の補助性を組み合わせた指揮の方式。

　コロナ禍を経て，日本の生産性が低い最大の原因は組織のあり方にあることがわかってきました。日本の組織はマイクロマネジメントであり，世界の非常識であることに気付き始めたのです。日本のマイクロマネジメントの組織はいわゆる

ムラ社会で同調が重んじられ，効率性や生産性が軽視され，個性や新しいアイデアが抑圧され，イノベーションも起こりにくいのです。病院も同じです。

　日本の経営者は，そういう組織でうまく立ち回れる技術に長けているだけです。したがって，そういう目でしか社員を評価できないのです。社員を歯車としか見ていないのです。そういう経営者が経営者であり続けるのでは日本の国際競争力はどんどん落ちていきます（病院はいわゆるオーナー経営者が少なくないのですが，その場合，オーナー以外の経営層に問題があることがあります。オーナー経営者については，遺伝子でしょうか，優秀な経営者が多いです（以下，同様））。日本型マイクロマネジメント組織に浸食されていないオーナー経営者に，経済とりわけ医療での生産性向上を期待します。

　1人ひとりの個性を尊重してミッションを与え，役割分担をうまくアサインして，信頼と尊敬によって互いに干渉せず，自由に生き生きと能力を発揮させるのがミッション・コマンドです。理想はフラットな組織です。経営者は，ミッションを付与（コマンド）する専門職（マネージャー）です。マネージャーには現場や社会の知識と情報が必須です。

　ミッション・コマンド組織では，1人ひとりにレベルの高い自律的な経営感覚があることを前提にします。1人ひとりがエグゼクティブなのです。だから未来病院ではすべての医療スタッフに経営知識が必要なのです。特に給与はこれまでの病院経営において低すぎました。給与水準に関係なく働いていたからです。適切な経営知識があればそのようなことは起こりません。

> **●Key word**　マイクロマネジメント
> 上司が部下の仕事を細かく監督する，信頼して仕事を振り当てることに抵抗がある，部下が完了した仕事をやり直すなど，上司が部下の仕事に過度に関与すること。

> **●Key word**　エグゼクティブ
> 実行力のある者。重役。

　フラットというのは，上司も部下もいないということです。誰からも指示を受けず，誰にも指示をしません。

　ミッション・コマンド組織の経営者の職責は，役割分担を細かくはっきりさせることです。それから，適性のある人を適切に配置することです。それがマネジメントです。

私は欧米の医療現場を見てきました。とても静かです。役割分担が細かく決まっており，はっきりしているから，その都度指示がなくても自然に動くからです。

（1）　リーダーシップ

リーダーシップは，長らく日本の組織の運営で最も重要なものとみなされてきました。日本のリーダーは欧米のものとはかなり異質のものでした。自主性を軽視し，部下を歯車としか扱っていませんでした。

組織の提灯持ちとしてうまく立ち回って，昭和の出世すごろくを勝ち通した古いタイプの経営者に都合のよいように作り変えられていたのです。病院も同様でした（オーナー経営者は別格）。

しかし，ミッション・コマンド組織にはそのような古いタイプのリーダーシップもリーダーも必要ありません。時間や人件費のムダです。ミッション・コマンド組織では1人ひとりがエグゼクティブなので，互いの領域を尊重し口出ししません。互いに信頼しているのです。上下関係はありませんし，人にいわれてやるわけではありません。自分のミッションにおいてやるべきことは常に率先してやるわけです。そういう意味では，すべての人がリーダーであり，リーダーシップを持っているわけです。その場合，リーダーというのは，人ではなく仕事そのものです。

> ●**Key word**　リーダーシップ
> 組織の目標達成のためにメンバーを導いていく能力。

> ●**Key word**　リーダー
> 組織の目標を達成するためにメンバーを先導する存在。

（2）　マネジメント

ミッション・コマンド組織にもマネジメントを職責とするマネージャーはいますが，社員よりも偉いというわけではありません。ミッションをアサインする専門職に過ぎません。これまでの日本のマイクロマネジメントの組織では，ピラミッド的に上から下へ複数のマネージャーが何人かの社員を受け持つというような形で行われてきました。マイクロマネジメントの組織では，そういう意味ではすべての人がある程度マネジメント能力を持っていないといけなかったし，そのマ

ネジメント能力が優れているかどうかで出世が決まったりしていました。しかし，ミッション・コマンドの組織では，極論すると，マネージャーは1人だけで充分です。ミッションを細かく決めて，そこにふさわしい人材を配置した後は，ミッションが達成されたかを確認するだけです。最初から細かいミッションの配分があるので，いわゆる中間管理職は必要ありません。ホウレンソウといわれるようなやりとりも基本的には必要ありません。ミッションが達成されたかどうかだけが重要なのです。

●**Key word**　マネジメント

成果を上げさせるための手法を考え，適材適所に人材をアサインして，能力を発揮させること。

●**Key word**　マネージャー

組織のパフォーマンスを最大化させるために，人的・物的リソースをアサイン・管理する者。

（3）　マイクロマネジメントの本質

　これまでの日本のマイクロマネジメントの経営者は，部下を手取り足取りいうとおりにとにかく上手く使うことが求められました。それがマネジメントといわれてきました。そのマネジメントの本質は，言葉を選ばずにいえば，部下をうまくそそのかすことです。その結果，本人たちが幸せになるかどうかはわかりません。それ自体は目的ではないからです。組織の歯車として騙してでも機能させるのです。

　これがマイクロマネジメントの本質です。

　そうしたマイクロマネジメント組織の病院経営者の目的は何か。現場の医療スタッフをうまく使って利益を上げることです。医療スタッフは使命感バキバキですから，エンジンの馬力には不足はありません。これまでの病院の使命は患者の救命や治療でした。ただ，経営上レールからはずれるようなところがあります。それを組織の歯車としてうまく組み合わせて回していくことがマイクロマネジメントの経営です。馬力は大きいので，うまくやれば利益も大きいはずです。

　ただ，病院はオーナー経営者が多く，オーナー経営者は本来，日本型マイクロマネジメントとは無縁のはずです。その場合は他の経営幹部によるマイクロマネ

ジメントが問題になります。オーナー経営者は逆に改革の先導者として期待できるのです。

　現場の使命と経営者の役割が基本的に違うのが，非営利組織である病院の特徴です。一般企業では，利益追求という役割で基本的に現場も経営者も同じです。

　これまでの病院では，現場の使命は患者の救命・治療，経営者の目的は利益追求でした。

　未来病院においても現場と経営者の役割は違います。しかし，ミッションの社会性と持続可能性への要求が強いゆえに，経営者は現場のミッションを前提に経営を行い，現場は経営感覚を持ち，経営に参加します。

　現場と経営者が機能は違えど，ミッションをより強く共有しているともいえます。

　未来病院では経営者はリーダーではなく，経営を行う1人の専門職です。未来病院の経営者はそれぞれの役割分担を決めるマネージャーです。医療スタッフは1人ひとりがエグゼクティブなのです。医療スタッフも経営面において組織の歯車ではないのです。

　エンゲージメントはありません。必要もないですし，そういう概念もありません。利益の源泉は診療報酬です。したがって，診療報酬に関する細かい知識が必要になります。

> ●**Key word**　エンゲージメント（engagement）
> 従業員の組織に対する愛着心や思い入れ。

　エンゲージメントが日本の組織で重視されるようになったのは，マイクロマネジメントに限界が出てきたからです。今まで日本の組織はマイクロマネジメントによって社員を歯車のように扱ってきました。しかし，コロナ禍を経てマイクロマネジメントの非合理性が顕著になり，社員が疑問を抱きだしたからです。コロナ禍では在宅勤務が当たり前になりましたが，マイクロマネジメントになじんできた昭和の上司は戸惑い，機能しませんでした。そこでエンゲージメントを気にし出したのです。

　病院も例外ではありません。

7　談合を否定して競争を尊重する

　未来病院は談合を否定して競争を尊重します。競争を尊重することとは，医療

資源を無駄なく使うことです。そのうえで，特化と連携で全体の付加価値も最終的に最大化することができます。均衡した生産性をさらに上げるということです。そういう病院が生き残るということです。そういう意味では，これまでの診療報酬は談合の産物でした。競争が制限され，低位のまま固定され，医療経済の国際競争力，国力低下の元凶でした。

病院内外で医療資源を最適配分し，比較優位を実現しなければなりません。医療資源を効果的・効率的に使うということです。

日本型マイクロマネジメント組織ではしばしば経済性が後回しにされます。保身が組織構成員1人ひとりの価値観なので，既得権益を守るため談合を繰り返し，新しいもの，自分より能力の高いものを排除しようとします。だから，医療資源が適切に活用されず，生産性が上がらず，国際競争力は低下する一方です。

日本の生産性が欧米に比べて低い要因に，既得権益が新しいことをしようとする人の足を引っ張るのを周囲が許すという国民性があると指摘されています。

この体質は病院内でも地域医療でも蔓延していて，進化を妨げています。だから，コロナ禍のような大舞台で十分機能しません。

生産性が上がらないというのは，資源の無駄遣いがあって，役割分担がなされないことです。制度上不可避に，非効率を残し，生産性を上げずに共存している状況です。地域医療の場合は，日本型マイクロマネジメントと無縁なオーナー経営者が本来多いのですが，制度上やむをえずそういう体質になっているところがあります。

医療経済学は，医療を経済学の視点で分析します。経営は最大利益を目的にします。競争もあります。その結果，医療資源の最適配分と役割分担がなされるのです。医療資源の最適配分と役割分担がなされないのは，まともに経営をせず，競争せず，互いに馴れ合っているような状況です。談合とか同調圧力とかいわれているものです。その原因は制度にあります。もっとも，制度自体というよりは，うまく機能させられない日本経済の衰退が元凶です。

未来病院を牽引できるのは，本来こうした日本型マイクロマネジメントとは無関係の病院経営者，とりわけオーナー経営者です。

●**Key word** 談合

何人かで話し合い，新規参入者を不利にすること。自由な競争を阻害する。

●**Key word**　資源の最適配分

社会全体で，生産されたモノやサービスに過不足がなく，無駄なく資源が配分される状態。

●**Key word**　医療資源

医師，看護師，薬剤師，技師など医療スタッフの数と能力，常備している薬や医療機器の量と能力。

8　給与・生産性を高める

　給与は未来への投資です。

　未来病院では給与は高いです。生産性が高いからです。競争が行われていれば，そしてもちろん病院が最大利益を目指していれば，サービス価格である診療報酬に対する生産要素価格である給与の比率が限界生産性です。診療報酬はあまり変わらないので，給与が高ければ限界労働生産性は高いことになります。給与を高くするには限界労働生産性を上げることです。コロナ禍で日本人の異常な労働の安売り信仰は終わります。

　イノベーションと設備投資を積極化することです。イノベーションの主要な手段が比較優位の実現です。さらに，人材投資もあります。

　診療報酬は下げたら，もう日本は終わりです。消費税を上げたときもそうでしたが，補助金で給与増とか図るつもりかもしれません。そのほうがいうことを聞くからです。しかし，定常的な収入の中で，経営として給与を上げていく構造にしていかないと効果は持続しません。

(1)　生産性の意味を知る

　生産性はそれぞれの生産要素の視点から捉えることができます。労働の視点からであれば労働生産性，資本の視点からであれば資本生産性となります。投入した生産要素のすべてに対して産出がどれくらい生み出されたかを示す指標としては全要素生産性があります。

　病院は労働集約型産業なので，こうした生産性の種類の中で最もよく用いられるのが労働生産性です。労働生産性は，労働投入量1単位当たりの産出量・産出額・付加価値として表されます。労働者1人当たり，あるいは労働1時間当たり

でどれだけ成果を生み出したかを示すものです。労働生産性が向上するということは，同じ労働でより多くの産出物を産出したか，より少ない労働でこれまでと同じ量の産出をするようになったことを意味します。

　競争が十分行われていると，同じモノ・サービスを産出する企業間では，モノ・サービスの価格，給与水準はマーケットで一律になります。限界生産力は，価格と給与の比率になります。

　ただ，病院の場合は特に限界生産性は一致しません。労働マーケットの効率が悪いのです。経営者は地域の低い水準に給与を設定します。

　生産性は数値としては上昇率が重要です。産出物1単位の内容や価格がそれぞれ異なるからです。上昇率で生産性を病院内外で比較することができます。経営は上昇率で評価されるべきです。

（2）　生産性を高める

　生産関数をコブ・ダグラス型とするとき，対数変化率でみると変化の要因がよくわかります。労働生産性の変化の要因は設備投資とイノベーションです。

　限界生産性はサービス価格と生産要素価格の比率です。

　サービス価格が所与であれば，労働生産性が高まれば，1人当たり付加価値も上昇します。1人当たりの付加価値が付加価値労働生産性です。

　給与を高くするには1人当たりの付加価値を増やす必要があります。給与が高ければより優秀な人材が多く集まります。

　労働分配率を減らして，設備を充実させて生産性を上昇させ付加価値の底上げを図ることも可能です。ただ，給与も上げないと持続しません。

　未来病院では給与と設備投資を積極的に増額します。給与は付加価値労働生産性に応じて支払われます。診療報酬を時間内にどれだけ獲得したか。設備をうまく使いこなしたかという評価です。

　これまでの病院では，医療スタッフは，使命感のみによって働く傾向がありました。そうなると，使命感を利用したマネジメントがなされることになります。自己犠牲は大変感銘深いものです。しかし，この労働に対して対価を払わないということが皮肉にも，わが国の医療さらには経済に大きな影響を与えているのです。わが国の医療は生産性が低い要因の1つとして自己犠牲があります。未来病院では，使命感を診療報酬につなげ，結果的に給与に反映するマネジメントです。

　医療の需要は価格に関係なく発生し，診療報酬も公定価格なので，これまで医

療資源のコントロールが主要でした。その最適配分は目指されても，生産性を上げ，価格を下げる発想は生まれにくい構造でした。これでは給与などは低いままです。

　地域では，制度上やむを得ず一国一城の主の存在や医療スタッフの経営知識の不足から労働市場も非効率で，医療資源の配分が非効率であり，比較優位の実現もできていません。

　現在，いつの間にかDPCが当たり前になっています。このDPCが生産性を落とす一因となっていることも指摘しておかなければなりません。収支とりわけコストばかりに目が行き，生産性向上が後回しにされているからです。入ってくる収入が固定されているので，コストを下げる圧力が大きくなります。DPCとコストの差が利益になるからです。実際，人員基準も決まっているので，収入が固定されると生産性は固定されてしまいがちです。創意工夫をして生産性を高めるインセンティブが停滞します。日本のDPCや診療報酬はイノベーションを阻害し，国民の生命や財産に結果的にマイナスに働いている面が否定できません。もっとも，制度自体ではなく，水準が低すぎることが問題です。

　人材投資も設備投資もしません。経営者は，生産性向上より，DPCにとらわれ目先の収支ばかりを追い，結果として最大利益の機会を逸しているのです。医療の需要は景気や診療報酬からは基本的に無関係に生じます。医療計画のようにして，想定される需要に対して量的に提供体制（医療資源）を動かしていくことがこれまでの主要な政策・経営でした。生産性は所与として，医療資源の配分（効率化）で調整されていました。

　未来病院は人材投資も設備投資によって生産性を高めます。

　生産性が以前より注目されている背景にはもちろん財政がより深刻にひっ迫してきたことや，人口減少（病院スタッフの人手不足）への懸念（供給力の強化の必要）もあります。

　比較優位の実現はもちろん，保険外収入，加算など追加的診療報酬の増加，最適規模の拡大，業務効率化投資，人材投資による高度化など，生産性向上への方策は山積みです。

（3）　比較優位を活かす

　比較優位は個人でも企業（病院）でも国でもあります。比較優位があれば，比較優位がある仕事に特化して，仕事を分け合うようになります。それで全体の経

済を拡大することができます。

　仕事や生活に必要なモノ・サービスは他から買うことになります。そのことで相対価格は均一になります。モノ・サービスだけでなく，給与なども均一になります。モノやサービスの生産性も均一になります。競争があって，最大利益を実現していくことが前提です。

　病院では実際は診療報酬は一定でサービスの価格競争がないので，給与が焦点になります。生産性が高い病院は給与を上げて人材を集めることができます。それで特化する，地域で分業するということになります。

　ところが，そういうことにはなっていません。少なくとも自力ではムリそうです。

　そもそも自由競争であれば，生産性の高いところだけが生き残るのです。なんらかの障壁があって比較優位が顕在化しても基本はそういうことです。ただ，多様性も必要です。役割分担が求められます。

　これまでの病院では，生産性が低いところが温存されます。これでは医療資源の最適配分もなされません。

　未来病院は比較優位を生かし，相対的に生産性の高いサービスに特化します。他のサービスに特化している病院と連携します。

（4）　生産性の一致

　医療資源の最適配分の必要条件には同一サービスの生産性の一致があります。生産性は病院の創意工夫で上昇させられるものです。生産性が高いところが生き残り，低いところは消滅するはずです。

　ところがそういうことが起こらないのは，診療報酬が一定で価格競争が起こらないからです。つまり病院は，創意工夫をして生産性を上げるインセンティブに欠けるのです。

　もともと一国一城のように勢力圏があり，患者や医療スタッフの移動が分断されているようなところもあります。

　そのため，労働市場の効率も低下して，給与なども地域で低迷します。

　人材を安く雇用できると設備投資の動機が低下します。わざわざ最先端技術を導入しなくても，医療スタッフに任せておけば経営は成り立つからです。

　規模が小さいほど当然，最先端技術を導入するためのコストを払う余裕が少なくなります。仮に最先端技術を導入したとしても，規模が小さいと，十分に活用

するのが難しくなります。

第1章

消滅する病院，生き残る病院

（5） 給与抑制はしない

労働の限界生産力（限界生産性）は診療報酬に対する給与の比率です。限界生産力は追加サービス1単位当たりの収入とコストの比率で表現されるからです。

労働市場が完全競争であれば，給与はマーケットで決まるので，病院の経営者が決めることはできません。その場合，病院の経営者が給与を抑制しようとすると，通常は，人が集まらなくなり，生産性が低下するどころか，病院の業務が成り立たなくなります。

もし低い給料で人が集まったとしたら，なんらかの特別な理由があります。

●**Key word**　限界生産力（限界生産性）
生産要素の投入量を1単位増加させたときに増える産出量。

実際，人手不足の場合でも給与は病院の経営者に決定権があります。給与と関係なしに仕事の需要（労働の供給）は決まるからです。医療スタッフに経営知識がないことも原因になっています。

提供する医療サービスに対して供給超過の場合，病院は規模を縮小するか撤退しますが，人手不足が続いていても，給与を上げようとはしません。むしろ下げようとします。需要超過の場合，病院は規模を拡大するか参入しますが，人手不足となっても給与を上げません。

これらの場合，労働生産性は給与に応じて低下します。労働生産性を上げなくても診療報酬は得ることができ，経営が成り立つからです。

まれに，労働生産性が高いのに，給与を低め，資本分配率を増やし，資本装備率を上げさらに労働生産性も上げる病院があります。

一般の企業では，企業側に給与の決定権があるにしても，人材不足のときや，人材投資のための人材獲得のときには競争がありますので，そういうときは通常はこのような給与抑制はあまり持続しません。

病院の場合，地域の給与の相場が低く抑えられ，そのような給与の抑制は持続できます。特に病院では人材投資の意欲が欠けていたりするのです。

9　付加価値を創造する

未来病院ではより多くの付加価値が創造されます。付加価値は収入と材料費の

差です。たとえば1万円の注射を打つのに材料費が2千円だとしたら，付加価値は8千円ということになります。

医療スタッフの給与水準が低いのは，付加価値が低いからです。労働分配率が低い場合もありますが，ほとんどの場合，付加価値が低いのです。この構造的な問題を解決しないと先に進みません。

●Key word　付加価値
生産によって新たに加えられた価値。売上から材料費などを差し引いた額。

利益を最大にするのは，限界費用が診療報酬と一致するところまで供給することです。長期的には規模が最適になる点です。供給量や規模の拡大にともない人件費が減ることはないとすれば，付加価値も最大になります。診療報酬と価格が一致するにしても，そのときの供給量・規模によって利益のレベルは変わってきます。

生産性が高ければ最適な供給量・規模も大きくなります。

病院の場合，労働集約産業であり資本装備率が低く，資本分配率（資本の弾力性）も低く，また，労働生産性が低いことが課題になります。

●Key word　資本分配率
付加価値のうち，設備投資や株主配当，内部留保等に分配される割合。

●Key word　資本の弾力性
資本分配率。

付加価値は資本分配率を高めることでキャッシュ・フローを生みます。

●Key word　キャッシュ・フロー（cash flow）
現金の流れを意味し，主に企業活動や財務活動によって実際に得られた収入から，外部への支出を差し引いて手元に残る資金の流れ。

病院は赤字でもすぐに倒産することはありませんが，資金がなければたちまち倒産してしまいます。そこで，病院の支払能力を知るためには貸借対照表や損益計算書だけでは足りなくなり，キャッシュ・フロー計算書の必要性が高まってきたのです。

病院の中にも労働集約型と資本集約型があります。

付加価値で考えると，労働集約型か資本集約型かがわかります。

> ●**Key word**　労働集約型
>
> 事業活動の大部分を労働に頼る割合が多いこと。そのため付加価値に対する人件費の割合が大きい。

> ●**Key word**　資本集約型
>
> 事業活動の大部分を資本に頼る割合が多いこと。そのため付加価値に対する減価償却費，リース料などの割合が大きい。

10　比較優位で規模の利益を

未来病院は規模の利益を活かします。

旧来のマイクロマネジメントではどうしても最適規模が小さめになります。マイクロマネジメントの限界です。しかし，ミッション・コマンドの組織はマイクロマネジメントのようにマネジメント自体にコストをかけないので，規模をほぼ無限に拡大することが可能です。生産性の向上によって限界費用を低下させるのです。利益も付加価値も増大します。ただ，地域の医療の需要を超えて拡大することはありません。

費用逓減産業のような存在ですが，巨額の設備投資が必要なことはないので，自然独占のようなことはありません。地域性も高いので，地域を超えて大規模になることはありません。ただ，これまでの病院よりは規模が大きいです。地域のイメージはこういう大規模病院と，特化した中小病院，クリニックが役割分担する構造です。

このとき限界労働生産性は給与／限界費用ですから，規模が大きいほど給与も高くできるといえます。

> ●**Key word**　規模の利益
>
> 生産量がある規模に達するまでは，生産量が増加するほど単位当たりのコストが低減し，それだけ利益が増大することになる。

●**Key word**　費用逓減産業

総費用に占める固定費の割合が非常に大きく，生産量が増加するほど平均費用が減少し続けるという特性を持つ産業。自然独占が生じやすい。

●**Key word**　自然独占

費用逓減産業は，事業を開始するために大規模な設備投資が必要であり，新規参入が困難であるため，自ずと独占状態となること。需要に対し供給が不足したり価格が競争のあるときより高く設定されたりする。鉄道・電力・通信など公共性の高い業界では価格（限界費用に一致するところまで供給）などに政府の規制がある。

　ミッション・コマンド組織では，長期の限界費用曲線はかなりの規模まで逓減しその後の上昇も緩やかです。診療報酬が一定なので，限界生産性が高ければ，付加価値限界生産性も高くなります。そして給与も高くなるわけです。一般の企業では価格転嫁力の違いもあります。設備投資やイノベーションも規模が大きいほど有利になります。

　病院の場合，規模の大きいメリットは，救急等の複数の医師での対応や施設の充実などです。この際，規模が大きいからといって生産性が高いわけではないので，生産性を高くする努力が必要になります。生産性が高くなれば付加価値も利益も大きくなります。

　最適規模を規定するのはマネジメント能力です。マネジメント能力が高ければ生産性が高くなり，限界費用も低く抑えることが可能になります。

　マネジメント能力を高めるにはミッション・コマンド組織が最適です。特に病院ではドクターの自由度がポイントになります。ドクターは自由度を重視しますので，自由度が高ければ生産性が高くなります。ミッション・コマンド組織は病院に向いているのです。

　コロナ禍前はダウンサイジングということがまことしやかにいわれていました。急性期患者の減少や地域性などの背景がありました。しかしそのような常識まがいの非常識は今後崩壊します。

　未来病院は物理的に1か所に固まっているわけではありません。特に，都市部で1つの広い土地を確保するのは困難です。たしかに，病院の生産性を上げていくには医療スタッフの移動時間を短縮するしかありません。そのためは1か所に集中しているほうがよいわけです。しかし，メタバースとかバーチャル・ホスピ

タルとか遠隔診療などがいわれている昨今，必ずしも物理的に1か所に集まっている必要性も減ってきました。特に在宅については，小さな事務所が分散する形のほうが効率的です。

●**Key word**　メタバース
インターネット上に構築された三次元の仮想空間。

●**Key word**　バーチャル・ホスピタル
メタバースを用いた病院。

●**Key word**　オンライン診療（遠隔診療）
医師・患者間において，情報通信機器を通して，診察・診断を行い，診断結果の伝達や処方等をリアルタイムに行う診療。

11　働き方改革を推進する

　未来病院は働き方改革の趣旨を推進します。患者とその家族の安心というミッション達成のためです。

　そもそも，良質かつ適切な医療を効率的に提供する体制の確保が必要です。そこで，医師の働き方改革，各医療関係職種の専門性の活用，地域の実情に応じた医療提供体制の確保が求められています。長時間労働の医師に対し病院が講ずべき健康確保措置等の整備や地域医療構想の実現に向けた病院の取組みに対する支援の強化等の措置が講じられています。タスク・シフト／シェアはその代表策として期待されています。ただ，結果として人手不足になることは否めず，順番待ちやアンメットが増大します。

●**Key word**　医師の働き方改革
医師の労働環境改善と健康確保を目的として長時間労働を制限する取組み。

　医師の長時間労働は当たり前のように行われ，休日の取りにくさも常態化しています。医療ニーズが増加する一方で，医師不足は加速しているのが現状です。人材確保のためにも改善が求められています。

　労働基準法にて，原則時間外労働は月45時間／年360時間まで（特別条項付きの36協定を締結している場合は月100時間／年960時間まで）と定まっています。

医師はこの規制の対象外でしたが，原則適用されることとなりました。しかし，大学病院や救命救急機能を有する病院では，規制を一律に設定すると医療サービスの維持ができなくなる可能性があり，例外を設定することとなりました。

医師の働き方改革が進められる中で組織として24時間ERは可能です。働き方改革のため救急の受入れができないというのは間違いです。もちろんコストの割には診療報酬が安すぎるという問題はあります。診療報酬が変わらないのなら生産性を上げていくしかありません。病院間の役割分担もいっそう強化していかなければなりません。そうでなければ地域で24時間ERをやるところがなくなります。未来病院のミッションは安心です。

24時間ERについてはコロナ禍ではコロナやコロナ疑い患者も受け入れていたところもあれば，そうでないところもありました。規模など比較優位によってどちらが適切か決まってきます。メディアや学者による人心浮薄に惑わされてはいけません。24時間ERを維持することが重要です。それは役割分担をはっきりさせておけばよいだけです。

医師の働き方改革を実現するには，労働時間の把握や管理を適切に行う必要があります。一般的な職場では出退勤の記録は当たり前ですが，医師は行っていない場合が多いです。在院時間や休憩時間など出退勤の適切な記録は，時間外労働をどの程度行っているかを把握する意味でも役立ちます。数値化することで，医師自身に労働時間管理の重要性を認識してもらう狙いもあります。

36協定の自己点検も，医師の働き方改革における重要なポイントです。

●**Key word** 　36協定
労働基準法36条に定められている「時間外労働・休日労働に関する協定」。

時間外労働や休日労働をさせる場合，36協定を締結し，労働基準監督署に届け出る必要があります。医師やほかの医療スタッフとともに，時間外労働の実態を把握し，36協定の届け出が必要であるか確認しなければなりません。

12　直観で複雑系に対峙する

医療スタッフ，とりわけ医師は今後より効率性と生産性の高い働き方が求められてきます。そのためには，ミッション・コマンドで，より多くの情報を入手し，より自由に直観的に行動できるよう業務をフォーカスしていく必要があります。

未来病院では経営も直観的に行われます。メディアや学者のノイズに乱されず

に，常に正しい道を行く孤高の最後の砦なのです。

日々の人間関係の問題，裁判や行政訴訟，国際紛争や戦争は「思い込み」から生じていることが多いです。日本型マイクロマネジメントの本質も「思い込み」です。

ダッシュボードの情報は生で，加工されていません。生の情報をたくさん見ることで直観的に判断します。そのほうが結果的に正しいからです。

人間や社会は複雑系なので，分析しても，かえって間違った結論を得るからです。複雑系においては限られた範囲で短期の分析予測は可能ですが，広範な長期の分析予測は間違いの元です。ノイズに耳を貸してはいけません。データを加工したり，分析したりすることはかえって誤った判断を招きます。

● **Key word** 直観

分析によらず，直接的・瞬間的に物事の本質を捉えること。

● **Key word** 複雑系

相互に関連する複数の要因が合わさって全体としてなんらかの性質を見せるが，その全体としての挙動は個々の要因や部分からは明らかでない体系。

複雑系の経営ではPDCAなどは重視されません。複雑系では何が起こるかわからないのです。不確実性がとても高いときに過去を振り返るのは時間の無駄です。それどころか有害です。

はじめてのことだから，データが少ないので判断できないというのは誤解です。人類がはじめて経験するようなことに対する直観的確率は信用できないというならアポロ計画は成功しなかったわけです。情報はデータばかりではありません。

はじめてのことだったから今回のパンデミックに対応できなかったというのは言い訳にもなりません。たとえば，初めてのパンデミックに対応するのは保健所でした。理論に依存して直観力に欠けていたといえないでしょうか。

組織はPDCAに依存しがちです。PDCAに頼りたいのはわかります。暗がりで何の指針もなく進むのは怖いのです。でもそれは言い訳にしか過ぎません。PDCAがこれまでどれだけの才能や機会をつぶしてきたか。PDCAに頼っていては，いつまでもイノベーションは起こりません。

DPCという制度が日本ではいま一般的になっています。診療報酬の一部ですが，経営上もクリニカルパスのようなものに利用され，経営の基準のように勘違

いしている人もいます。本末転倒です。DPCは，あくまで診療報酬であって経営のマニュアルでも指針でもありません。そうしたクリニカルパスみたいなものから外れることをあたかも低能力のように評価するのはそれこそ低能力です。複雑系においてはバリアンスはむしろ自然です。病院は，診療報酬を得るためにあるのではなく，患者やその家族の安心のためにあるのです。

そもそもICDやDPCのようなツールは便宜的・一時的なものであって普遍的なものではありません。

未来病院は常に経営の不確実性に直観で対峙します。

医師，特に開業医は一般の企業，ビジネス界（オーナーは別格）にはいないタイプです。この国でイノベーションが起こらず，どんどん貧困になっている理由は，直観的発想ができていないからです。唯一できているのは，日々複雑系に向き合っている，特に，組織から自由なドクターです。一般オーナー経営者とともに今後の日本経済をけん引してほしいものです。

歴史を振り返ると，傑出した偉業を成し遂げた人は，既成の観念に束縛されず，自由に発想した人が多いです。たとえば，ゴッホは独学でした。独学だからこそあれだけ才能を発揮できたのだと思います。ウィーンで一緒によく食事をともにしていたカルロス・クライバーも独学でした。

経済学では，消費性向，限界効用逓減が法則です。それ以上の前提は間違いの元です。アインシュタインは，光速が常に一定であることを前提にして相対性理論を生みました。あとは黒板以外複雑なものは使いませんでした。

医療の不確実性についての誤解に関して最近象徴的だったのは，コロナ禍に補助金による病床確保について，十分な病床が確保されずにいたという批判がありました。しかし，コロナの患者がどれだけ発生するのか，予想は難しいです。多少多めに確保しないと病床確保の趣旨にあいません。

かえって，病床ではなく人員が確保できなかったというようなことであれば経営者の責任は大きいです。ただ，一部のマスコミが視聴率を狙っておもしろおかしく指摘していたのは問題でした。

●Key word　パンデミック（pandemic）
世界的な規模で流行すること。

●**Key word** 保健所
地域住民の健康や衛生を支える公的機関。

●**Key word** クリニカルパス
入院から退院までの治療・検査のスケジュールを時間軸に沿い記述した計画表。

●**Key word** ICD(International Statistical Classification of Diseases and Related Health Problems) (国際疾病分類)
世界保健機関（WHO）による，国際基準で定められた死因・疾病の分類。

●**Key word** DPC（Diagnosis Procedure Combination）（診断群分類）
入院期間中に医療資源を最も投入した「傷病名」と，入院期間中に提供される手術，処置，化学療法などの「診療行為」の組み合わせにより分類された患者群。

●**Key word** DPC/PDPS(Diagnosis Procedure Combination / Per-Diem Payment System)
急性期入院医療を対象とした，診断群分類に基づく1日当たり包括診療報酬支払い制度。

13　地域包括ケアシステムでの役割分担

　医療はもともと地域性の強いサービス業です。地域で医療資源が効果的・効率的に用いられなければなりません。それで患者の安心という効用が最終的に最大になります。もちろんほかにもいろいろなイノベーションがあります。

　効果的というのは役割分担です。役割分担のイノベーションによる生産性向上です。効率的というのは資源の最適配分です。医療資源の使い方にムダがないという意味で効用が最大になります。

　未来病院はたとえ非営利組織であっても，配当をしないだけで，最大利益を目指します。役割分担を構築する原動力になります。非営利組織だから最大利益を目指さないというのは，資源の最適配分や役割分担を乱すものであってそもそも容認されません。

図表1－28　地域における医療・介護の総合的な確保を図るための改革

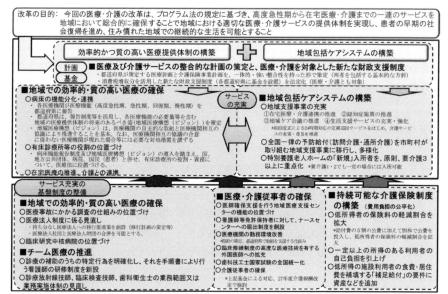

（出典）　https://www.mhlw.go.jp/file/05-Shingikai-10801000-Iseikyoku-Soumuka/0000055150.pdf

（1）　高い水準の予定調和になる

　未来病院は自らの比較優位を明確にして，比較優位のあるサービスに特化し，他病院との連携を深めます。比較優位で役割を分担すれば，より高い水準の予定調和がもたらされます。利益追求と競争によって資源の最適配分がもたらされるのですが，役割分担によって全体の付加価値も最大になります。人口は限られているので，絶対的に生産性が劣っている人でも役割分担の中で働く意味があるということです。

　このことは病院の中でもいえることです。病院の中で1人ひとりが自分の得意なことに特化をした上で連携して，役割分担をすることが生産性を最大にします。病院の中での医療資源の最適配分も必要です。マーケットや地域では競争といういわば「神のマネジメント」があるわけですが，病院内では経営者がマネジメントを行います。

　比較優位は，競争が最終的な最大効用を実現するプロセスの一部です。なんらかの障壁があってモノや人の動きが鈍くなり，滞留しやすくなったときに流れを良くする考え方です。特化と分業です。まさに役割分担です。

たとえば，生産性の差があったとき生産性の高いところはより安くサービスを提供できますが，国外など遠かったりするとサービスの提供には一工夫が必要になります。

最終的にはヒト単位になります。ヒトは分けることもできず，1日24時間しか持ち時間がありません。最終的に比較優位は残り，役割分担は必要なのです。

競争をして生産性が高いところが生き残るというのはそもそも相対的な話です。すべてのモノ・サービスを1人でつくるわけにもいきません。役割分担が必要なのです。

そもそも比較優位はなぜ生じるのでしょうか。生産性の差や生産要素の持分などがあります。

診療報酬は全国共通一定です。また人員基準が定められているので，同じサービスに対して生産要素の量はほぼ均一です。ところが，そもそも生産性はかなり異なります。これは生産要素の価格差につながります。

ここに病院で給与を上げるべき根拠があります。病院で生産性が高いのに給与を抑制することは，病院内でも地域でも最終的な最大効用が達成されていないことを意味します。

（2） 比較優位を活かす

病院と国家は似ているところがあります。病院も一国一城のようなところがあります。国の場合，比較優位の要因は生産性や生産要素の存在量です。比較優位のある産出物に特化して貿易をしたほうが互いに利益が大きくなるわけです。これは会社でも個人でも同じで，それぞれ比較優位があることに特化して製品の生産やサービス提供を行ったほうがよいということになります。国民経済の中では産業，組織の中では役割分担ということです。

病院の場合は比較優位の要因は生産性の差で，主に技術の差です。生産性に差があっても診療報酬は一定なので価格競争はありません。サービス価格の面では，比較優位があっても特化と交易（機能分化と連携）は行われません。

経営者が最大利益を追求すれば，病院は労働集約型であるがゆえに，まず主要な生産要素である医療スタッフの給与差が生じます。比較優位は生産要素の価格差として発生します。比較優位があるものに特化すると生産要素の価格差はなくなって生産性が均衡します。

そもそも自由競争が行われていれば，経営者が最大利益を追求すると，同一商

品・生産要素で価格が同一となり生産性も同一になります。より競争力のある企業が生き残ります。ここで資源の最適配分が行われて効用が最大になります。ただ，比較優位の実現，役割分担によって全体のパイを増やす，つまり経済成長が可能になります。もちろん，他にもイノベーションがあるし，人口や資本の増加によっても経済は成長します。競争という点では，最終的な最大効用を実現するプロセスの一部が比較優位です。

病院の場合は労働集約型なので，労働生産性が競争上，ポイントになります。そういう意味では，資本増加率も競争による最終的な最大効用実現の要因になります。他のイノベーションももちろん要因となります。

ただ，病院では地域での役割分担が特に注目されているのです。

病院は一国一城のようなところがあるので比較優位が起こりやすいです。ましてやサービスの価格競争がないので生産性の差が均衡しにくいのです。

給与など生産要素の価格に差をつけることで生産性の高いサービスに特化することができます。競争で，生産性のより高い病院が生き残るのに違いはありません。ただ，役割分担で全体の付加価値はより増えるのです。多様性が尊重される経済的根拠です。

しかし，現実にはDPCなどでコスト抑制に目が行ってしまい，地域の給与や設備投資の相場に低く合わせてしまうわけです。労働市場が効率的ではない現実があります。その場合，生産性の高さは活かされず，特化どころか，利益・付加価値の機会損失となります。現在のDPCなどの診療報酬は国際的に低すぎるため，生産性を阻害し，医療や経済全体の国際競争力低下を招いています。

生産性の差が解消しないと，サービスと生産要素の価格比と限界生産性が一致しない状態になっていることになります。資源の最適配分が達成されていません。効率の悪さが残ります。生産性向上の意欲が失せ，比較優位の実現もなされず，生産性はやがて低くなっていきます。当然，利益も減ります。

そこで，行政が病床機能の再編などに乗り出しています。

未来病院は，一つ覚えのようなコストの抑制はしません。収支だけを見て，一見利益を確保したような錯覚を覚えることはできますが，利益・付加価値の機会を損失しています。医療資源の最適配分を実現しつつ，より高い給与でより優秀な人材を集め，特化と連携を深めます。設備を充実して，イノベーションも起こし，労働生産性を向上させます。規模を拡大して利益・付加価値を増大させていくべきなのです。

（3）「すぐ退院先を見つけて」とはいわない

　未来病院は患者やその家族の安心を第一にして，「すぐ退院してください」「退院後の行き先を探してください」といいません。

　これまで病院では，DPCで在院日数がオーバーすると診療報酬が安くなるため，患者やその家族は「すぐ退院してください」「退院後の行き先を探してください」とよくいわれました。ただでさえ不安なのに，行き先がない不安が覆いかぶさってきます。人間のすることとは思えません。もちろん次々と入院する人のためにベッドを空ける必要はあります。だからといって「すぐ退院してください」「退院後の行き先を探してください」というのは無責任です。それは病院の仕事です。不安を与えないように調整するべきです。

　年金額の高い人などは有料老人ホームやサービス付き高齢者向け住宅へ行くことが比較的可能です。ただこうした施設では，所得の低い人向けの居住費や食費の減免（補足給付）が受けられません。

　地域で役割分担を持つことは，互いの役割を尊重し合うことです。未来病院では，連携もうまく取れ，転院先を確保できます。

> ● **Key word**　補足給付
> 低所得者の施設入所者の食費・居住費を補足的に給付すること。

（4）　なぜ日本に中小の病院が多いのか

　日本に規模の比較的小さい病院が多い原因は，制度の影響，たとえば主要な生産要素の主体である労働力の移動が労働市場で円滑ではないからです。労働市場の価格である給与のバロメータ，パラメータ機能が不完全なのです。労働市場の効率性が低いということです。

> ● **Key word**　労働力
> 財・サービスを産出するために投入される労働の主体。

　そもそも地域の医療スタッフの労働市場の効率性が高いと，少しでも高い給与にスタッフが転職ないし就職してくるはずです。高い給料を支払える生産性の高い病院にスタッフが集中します。生産性が高いと病院の規模は大きくなるはずです。

　しかし，診療報酬は一定である一方で，スタッフに経営知識がない場合，病院

図表 1 － 29 病院数と病院あたりの病床数

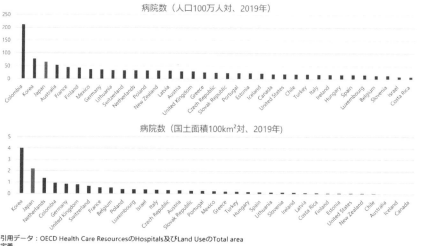

病院数（人口100万人対、2019年）

病院数（国土面積100km²対、2019年）

引用データ：OECD Health Care ResourcesのHospitals及びLand UseのTotal area
定義
・OECDは、主に医師・看護師・その他の医療サービスを含む医療・診断・治療サービス、および入院患者が必要とする特別な宿泊サービスを
　提供する認可施設と定義。
・日本は医療施設調査における病院の数であり、有床診療所を含まない。
※オーストラリアと米国は2018年のデータ。デンマーク、ノルウェー、スウェーデンはデータなし。

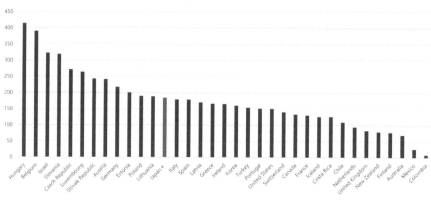

病床数（病院対、2019年）

引用データ：OECD Health Care ResourcesのHospitals及びTotal beds
　Japan：医療施設調査（令和元年）の病院数と病院の病床数（OECDにおける日本のHospital bedsには有床診療所の病床が含まれるため）
定義
　・Total bedsをHospitalsで除して算出。
※オーストラリアは2016年、米国は2018年のデータ。デンマーク、ノルウェー、スウェーデンはデータなし。
（出典）　https://www.mhlw.go.jp/content/10800000/000905110.pdf

は本来支払うべき給料より低い給与で雇用しているので，生産性を上げて規模を
拡大することなく，利益を上げやすくなります。この利益を目指してたくさんの
病院がつくられるため，病院の平均規模が縮小します。

病院の生産性は規模を反映します。中小規模の病院が増えるほど国全体の生産性が下がります。病院が継続的に安定的に今後医療を供給し続けるためには，高い生産性が求められます。高い生産性を実現するには，一定の規模が必要なのです。

（5） 帝国主義の覇権争いは終わる

最終的な（最大経済規模の）資源の最適配分のためには役割分担，すなわち特化と連携が必要になってきます。しかし，医療の世界ではこれがうまくできていません。なぜなら，役割分担について，制度上やむをえずそれぞれの経営者が一国一城の主として戦っているのでなかなかまとまらないのです。いわば，戦国時代，世界史的には帝国主義の時代ということです。エントロピーが溜まっています。

> ● **Key word** エントロピー
> 物事は放っておくと乱雑・無秩序・複雑な方向に向かい，自発的に元に戻ることはないという法則。

天下布武というような感じで，誰かが天下をとって統一をすれば，1つの組織の中で役割分担も強制的に行われるのでうまくいくはずです。ところが医療の世界では，なかなかそういう統一というのは難しいわけです。日本型マイクロマネジメント組織の奴隷のようになるのを嫌い（人間として当然ですが），制度の影響もあって，病院やクリニックの主となっている経営者が多いのです。それゆえに，比較的中小規模の病院が日本は多いのです。

診療報酬が国で決められているので，価格競争がなく，価格で相手を消滅させることができません。給与相場は地域で低迷しているので，生産性の高いところがそうは人材を集められず，特化とするよりも，生産性を下げるようになります。目先の収支に目が行き，投資ができないこともあります。

そこで行政が旗を振ってホールディングカンパニー的な組織を地域に創ろうともしています。ホールディングカンパニーのように1つの組織にするのです。

今回のコロナ禍についても，病院間の特化・連携あるいは役割分担がもっと明確で強固であれば，医療はコロナに対してもっと有効に機能するはずでしたが，やはりそれはできませんでした。

医療には感染症以外の患者も診療する責務があります。経営の問題もあります。

検査体制もあります。

　司令塔は実効性のある役割分担を事前に構築しておくべきでした。役割をはっきりさせて民間に任せるべきでした。細かいところに口を出すような日本型マネジメントの弱点が浮き立ちました。形式ではなく結果のみを問うべきです。

　これは医療行政全体にいえます。

　マイクロマネジメントの割には，虐待や診療報酬不正請求が後を絶たないのは，形骸化しているわけです。

　やむにやまれず帝国主義的な地域での覇権争いを続けざるをえない経営者は，生存のため結果的に経営において非効率・低生産性を温存することになります。

　経営者が覇権にこだわっているので，結果として資源の最適配分，比較優位の活用は達成されません。

　そこで，行政が介入することになります。財政が逼迫していることもあって，病床機能はシャッフルされるのです。効果率はもとより，特化と分業か市場統合かといった具合です。

14　在宅医療でのタスクシフト

　未来病院は在宅医療を主要部門の1つとして連動します。コロナ禍では，ステイホームが叫ばれたので在宅が注目されました。一方で，コロナ患者が在宅で十分な対応をしてもらえず，死亡するケースもありました。

　これまでも多くの病院で在宅部門や訪問看護ステーションが存在していました。しかし，病院，特に入院部門と連携することはあまりありませんでした。どちらかというと病院外の訪問診療のクリニックとの連携が多かったのです。

　コロナ禍に十分に機能できなかった日本の病院経営ですが，そもそも在宅医療の未整備が目立ちました。なぜ日本では在宅医療が思うように進んでいないのでしょうか。病院は病気を治すところであって支えるところではないという感覚が強いのではないでしょうか。

　医療資源が限られるなか，生産性をより高めるには，医療資源それぞれの能力に着目し，役割を分担していくことが重要です。能力を最大限に発揮するには，住んでいる場所や家庭環境などの考慮も含まれます。そういう意味では，とにかく一律に出社を前提とするような働き方には限界があります。マイクロマネジメント組織では無理です。在宅医療においてこそミッション・コマンドが有効です。

　これまでの医療現場の使命は患者の救命や治療でしたが，高齢者がほとんどに

なってきた現在，ミッションは安心に変わろうとしています。そのようにミッションが社会課題に広がってきたので，スタッフも経営を意識して行動しなければならなくなりました。経営者も，DPCの在院日数短縮やコスト削減ばかりに目が行ってましたが，これからは安心というミッションを基本に経営を展開していかなければいけません。その主力が在宅医療です。

地域医療構想では事実上在宅医療を重視せざるを得ません。

> ●**Key word**　地域医療構想
> 将来人口推計をもとに2025年に必要となる病床数（病床の必要量）を4つの医療機能ごとに推計したうえで，地域の医療関係者の協議を通じて病床の機能分化と連携を進め，効率的な医療提供体制を実現する取組み。

（1）　バーチャルな病棟を創る

未来病院では在宅部門を，もう1つの病棟であるかのようにバーチャル空間として位置づけます。物理的には患者は病院内にはいないのですが，分散はしているものの，あたかも入院患者のように在宅の患者を扱います。有料老人ホームやサービス付き高齢者向け住宅も含め，散在する患者を在宅医療のバーチャル病院に取り込みます。

病床の機能分化において在宅医療を入院医療の延長として位置づける流れもあります。

> ●**Key word**　病床の機能分化
> 急性期病床を減らして地域ごとに適切な病床を割り当て，在宅で療養ができるようにすること。

医療費の適正化や医療提供体制でも在宅医療は重要です。ターミナルではなくプライマリーにもです。今後は予防が特に重要です。

在宅医療が増悪予防の場にもなり，たとえば心不全パンデミックの中で急性増悪予防がとられます。

（2）　家族に頼らないようになる

そもそも，欧米のように在宅医療を基本として，必要に応じて入院医療を受けるという流れを基本とするよう考えられるようになってきています。よほど重症

でない限り，在宅医療を基本とするということです。

　日本では家族との同居がまだ比較的多いのですが，欧米では1人暮らしがかなり多いです。欧米では，独り立ちすると家族から離れていき，家族との同居や家族の世話は少ないです。子どもはほとんど10代のころから巣立っていきます。子どもが親の老後の面倒をみるというようなことはあまりありません。したがって，親は自分の面倒を自分でみる，どうしてもだめなら国がみるというしくみです。在宅医療を基本とする背景には，核家族化が進んでいることがあります。

　これまで日本の医療・介護はある程度家族に頼っているところがありました。独居世帯が急増している日本は今後，欧米の在宅医療がモデルになりそうです。

　北欧は福祉国家といわれることをよく耳にします。たしかに，老後は国が面倒をみてくれるからあまり心配はいらないというイメージがあります。しかし，注目すべきは医療の効率性です。

　北欧など（イギリスなども含む）では基本的に医療資源を予防やアウトカム評価などの視点でより重点的に配分しています。そういう意味で，在宅医療が基本なのです。

　これは，これまでのわが国の医療とはかなり方向が違います。文化や歴史的経緯の違いもあります。相対的にみて日本では，入院医療が重視されてきました。また，予防よりは治療に重きが置かれていました。診療報酬はアウトカムよりコストがベースになっていました。

　欧米は狩猟民族，わが国は農耕民族です。たとえば，食事の介助についてわが国はとても手厚いといえます。欧米では，自分で食事がとれなくなると死に近いイメージです。

●**Key word**　アウトカム
転帰。治療や予防などの医学的介入の結末。

（3）　在宅医療を効率化

　最近の医療計画では在宅医療が柱の1つになっています。

　超高齢社会の中で，地域医療構想による病床の機能分化による受け皿として在宅医療がもはや不可欠になってきているわけです。

　在宅医療の場合，医療資源も限られるなか，病棟とは異なり，患者が遠隔に分散し，介護なども含めた複数の事業所の多職種がかかわるので連携・効率化が最

大の課題になります。

　在宅医療の提供体制について，地域医療介護総合確保基金（補助金）も活用し医療機関の訪問診療への新規参入の促進を図ります。これは量を増やすということです。

　同時に質の向上も求められます。訪問看護における，退院に向けた医療機関との共同指導，医療ニーズの高い利用者への対応，24時間体制，ターミナルケア等の機能や役割に着目した整備や，事業所間の連携，事業者規模の拡大，ICT化等による機能強化，業務効率化等です。

　現実的には，手術後の退院からの在宅医療として，あたかもバーチャルな急性期病棟などとしての機能もイメージされている面もあります。在宅を急性期病棟の代わりに使うということになると，遠隔の患者の情報を瞬時に集め，複数の関係者が適切に共有することが一層求められます。マイナ保険証でにわかに本格化している医療DXやナショナルデータベースとのリンクなども重要となります。

> ●**Key word**　医療計画
> 都道府県が，国の基本方針に即して，地域の実情に応じた医療提供体制を確保する計画。

> ●**Key word**　ナショナルデータベース
> 厚生労働省が管理する公的医療データベース。国内の保険診療に関するデータがほぼすべて収録されている。

　在宅医療の圏域の設定において，「在宅医療において積極的役割を担う医療機関」「在宅医療に必要な連携を担う拠点」「機能強化型」の在宅療養支援診療所数・在宅療養支援病院のポジションが重要です。注目したいのは薬局です。在宅医療の現場では，引きこもりの独居老人が1か月の間に唯一まともに話ができたのは薬局の薬剤師だけだったというような話をよく聞きます。

　そもそも，こうした圏域は，急変時の対応や医療・介護の連携が図られるよう弾力的に設定されるべきです。在宅医療では，遠隔に分散する患者にあわせて医療スタッフも分散したほうが効率的ということです。

　そうした意味では，在宅医療の体制の具体的イメージでは，サテライト拠点の活用があります。医療スタッフも在宅勤務にしたほうが効率的なこともあります。医療スタッフの働き方改革にもなります。ミッション・コマンド組織を連想しま

図表1－30　在宅医療における情報通信機器等の活用

○　今後高齢化の進展に伴い、在宅医療のニーズは増加する一方で、マンパワーの制約があることを踏まえ、情報通信機器等の活用等も含めた、質の高い効果的・効率的な在宅医療の提供体制を進める必要がある。
○　在宅医療における情報通信機器等の活用の取組としては、対面診療の補完、医療過疎地における遠隔診療、多職種連携におけるネットワーク構築等がある。

【在宅医療における情報通信機器の活用例】

対面診療の補完としてのオンライン診療

・福岡県（福岡市）の医療機関では、在宅患者に対する医療提供体制の強化の一環として、訪問計画の一部にオンライン診療を組み込むことで、医師の訪問負担を軽減しつつ、在宅患者への診療頻度を高める取組を実施している。

・徳之島（鹿児島県）における病院と自治体が連携し、遠隔医療支援プラットフォームを活用したモデルを構築する取組
・訪問看護が取得した患者のバイタルデータを用いて、医師がオンラインで診療・記録を行うことができる。

訪問看護等とも連携した遠隔地への医療提供

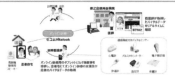

ネットワーク構築による病病連携・病診連携・多職種連携の構築

・福井県（坂井地区）では病院が持つ患者情報（退院・看護サマリ、検査結果、画像、処方、注射など）をシステムにより、診療所や訪問看護ステーション、介護施設等と共有できる体制を整備。
・「カナミックネットワークTRITRUS」を用いて、在宅医療関係者間　診療情報や日々の生活情報等を共有

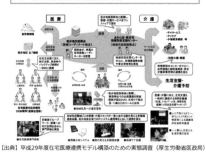

【出典】平成29年度在宅医療連携モデル構築のための実態調査（厚生労働省医政局）

【出典】令和2年度遠隔診療モデル参考書－オンライン診療編－（総務省情報流通行政局）

（出典）　https://www.mhlw.go.jp/content/10800000/000972748.pdf

す。

　災害時について、在宅医療に必要な連携を担う拠点等において業務継続は重要です。日本は災害が多いので、在宅が孤立しないネットワークが不可欠です。あたかも1つの病棟のように機能することが期待されます。

（4）　社会的処方を実装

　これからは特に在宅医療の現場では患者の孤立対策が重要です。独居世帯が増えているからです。

　孤立しないように地域の社会資源を活用することで、患者の健康やウェルビーイングを向上させることは必要です。在宅医療が社会的処方の最前線になっているのです。

　社会的処方の実装に向けた在宅医療でのタスクシフトが規制緩和の主流にもなっています。現場の医療スタッフの裁量や自主性が、拡大する在宅医療のニーズに不可欠になっているからです。これはミッション・コマンドを取り入れるということです。もともと自主性の高い医療スタッフの能力を最大限に引き出すことです。そもそも複雑系で不確実性の高い患者を前に現場で孤立しがちな現場の医

療スタッフに裁量を与えるということです。

> ●**Key word** 社会的処方（social prescribing）
> 患者に対し，地域での社会参加の機会を処方すること。

> ●**Key word** 社会資源
> 社会福祉の支援過程で用いられる資源。利用者のニーズ（課題）を充足させるために動員されるあらゆる物的・人的資源。

> ●**Key word** ウェルビーイング
> 幸福で豊かであること。

　在宅医療の現場では特に社会保障の一体化が進んでいます。多職種連携などといわれますが，そもそも区分の意味は薄れています。

　英国が1970年に社会サービス法という包括法を制定しました。その後もスウェーデンやデンマークなど多くの国で個別法から社会サービス法へと改革が進められました。日本でもそろそろ「社会サービス」という概念の普及が望まれます。

> ●**Key word** 社会保障
> 社会保険，公的扶助，社会福祉，保健医療・公衆衛生。

（5）　在宅医療圏を設定

　在宅医療及び医療・介護連携が医療計画の柱として重視されています。

　単にこれから在宅医療が特に重視されるということだけではなく，在宅において，効率化のためエリア設定と医療・介護連携がさらに強く求められてくるということです。

　病床の機能分化・連携によって病院や施設に入れなくなる高齢者の受け皿として在宅が期待されています。地域の医療資源も限られているので，在宅医療の効率化を図るため，介護を含めた多職種連携が求められているわけです。リハビリテーション，栄養管理及び口腔管理の連携を図ることも必要です。総合的な認知症施策も進められています。

　この在宅医療圏が画期的なのは，単なるエリアの話ではなく，質の向上を目指している点です。まず，よほど重症ではない限り在宅医療を中心とすることを原

則としました。しかし現状，病院と在宅の医療レベルを比較すると，設備の面からも人員の面からも在宅での医療はまだまだ課題が多いといえます。そこで，少なくともまず，医療圏を比較的狭く設定し，在宅医療の質をこれまで以上に高め

図表1－31　自立支援・重度化防止を効果的に行うための取組の連携

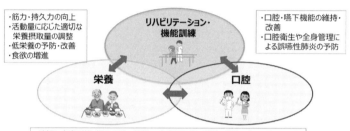

（出典）　https://www.mhlw.go.jp/content/12404000/001072621.pdf

図表1－32　認知症施策推進総合戦略～認知症高齢者等にやさしい地域づくりに向けて～

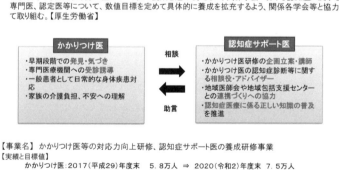

（出典）　https://www.mhlw.go.jp/content/12300000/000519620.pdf

ることにしたのです。近くにいればすぐ駆けつけられますから。

　これまでの在宅医療は，どちらかというと看取りの場というイメージが強かったと思います。在宅が「患者が望む場所での看取り」として選ばれてきた経緯があります。しかし，在宅医療圏は通常の診療も対象です。

15　民間医療保険による診療

　未来病院は，民間の医療保険などを活用して，サービスの高度化を追求します。

　病院はそもそもサービス業です。サービスを提供して顧客から対価を得るのが原則です。ただ，高額な対価を1人で一度に支払うこともありうるので，相互扶助としてあらかじめ保険料を支払ってプールしておくのです。それが保険です。

　保険は，本来は民間の組織で行うべきですが，保険料の水準や社会保障の側面もあって公的保険が中心になっています。民間の保険は国の保険の補助とされています。

　しかし，原則に立ち返り，民間医療保険の活用がもっと検討されるべきです。医療の効用は患者やその家族の安心です。そこで，民間の医療保険に入っておけば，安心は増大します。

　医療に対する需要は，もともと公的保険診療も自由診療も区別ありません。価格には関係なく病気やケガは発生します。診療報酬の高低で病院に行くかどうか決めることは基本的にありません。ましてや，公的保険診療か自由診療かなどをあらかじめわかった上で病院に行く人はほとんどいません。

　公的保険診療の対象になるかは，実際のところ医療費を大きく左右しますし，個人の自己負担も大きく変わってきます。その場合，説明を受けてから治療を受けない場合もありますし，もともと病院のほうで保険外の診療を想定することもそれほど多くはないわけです。

　しかし，併用が認められている保険外の全額自己負担のサービス・診療もあります。

　未来病院はとりあえずこうした保険外サービスの活用に努めます。

　保険外サービスの拡充や自由診療の可能性に期待します。

　混合診療の問題も，医療保険制度の維持という大義があるので非常に複雑な問題ではあります。しかし，未来病院のミッションは，安心を確保することであって保険制度を維持することではありません。

●Key word　自由診療

健康保険等の公的な医療保険の適用とならない全額自己負担の診療。

図表 1 −33　「混合診療」問題，先進医療について

いわゆる「混合診療」問題に対する厚生労働省の基本的考え方

基本的考え方

いわゆる「混合診療」を無制限に導入した場合・・・

- 本来は、保険診療により一定の自己負担額において必要な医療が提供されるにもかかわらず、患者に対して保険外の負担を求めることが一般化

  →　患者の負担が不当に拡大するおそれ

- 安全性、有効性等が確認されていない医療が保険診療と併せ実施されてしまう

  →　科学的根拠のない特殊な医療の実施を助長するおそれ

一定のルールの設定が不可欠

保険外併用療養費について

保険診療との併用が認められている療養

評価療養・・・保険導入のための評価を行うもの
選定療養・・・保険導入を前提としないもの

保険外併用療養費の仕組み
[差額ベッドの場合]

基礎的部分 （入院基本料相当）	上乗せ部分 （差額ベッド料）
↑	↑
保険外併用療養費として 医療保険で給付	患者から料金徴収 （自由料金）

※　保険外併用療養費においては、患者から料金徴収する際の要件（料金の掲示等）を明確に定めている。

○評価療養

- 先進医療
- 医薬品、医療機器、再生医療等製品の治験に係る診療
- 薬事法承認後で保険収載前の医薬品、医療機器、再生医療等製品の使用
- 薬価基準収載医薬品の適応外使用
  （用法・用量・効能・効果の一部変更の承認申請がなされたもの）
- 保険適用医療機器、再生医療等製品の適応外使用
  （使用目的・効能・効果等の一部変更の承認申請がなされたもの）

○選定療養

- 特別の療養環境（差額ベッド）
- 歯科の金合金等
- 金属床総義歯
- 予約診療
- 時間外診療
- 大病院の初診
- 小児う触の指導管理
- 大病院の再診
- 180日以上の入院
- 制限回数を超える医療行為

先進医療について

保険医療機関

↓

事務局

↓

先進医療会議

↓

・申請受付の報告　　・審査方法の検討

（先進医療A）
・ 未承認、適応外の医薬品、医療機器の使用を伴わない医療技術

・ 未承認、適応外の体外診断薬の使用を伴う医療技術等であって当該検査薬等の使用による人体への影響が極めて小さいもの

（先進医療B）
・ 未承認、適応外の医薬品、医療機器の使用を伴う医療技術

・ 未承認、適応外の医薬品、医療機器の使用を伴わない医療技術であって、当該医療技術の安全性、有効性等に鑑み、その実施に係り、実施環境、技術の効果等について特に重点的な観察・評価を要するものと判断されるもの

先進医療技術審査部会

技術的妥当性、試験実施計画書等の審査

・技術的妥当性（有効性、安全性、技術的成熟度）の審査
　先進医療Bは部会の審査結果を、外部機関で評価する技術は外部機関の評価結果を踏まえ検討
・社会的妥当性（倫理性、普及性、費用対効果）の審査　　　　　等

実施可能な医療機関の施設基準を設定

医療機関毎に個別に実施の可否を決定

↓

先進医療の実施

（出典）　https://www.mhlw.go.jp/topics/bukyoku/isei/sensiniryo/heiyou.html

欧米では自由診療が盛んです。民間の医療保険制度が充実しているからです。

日本の民間の医療保険の保険料は，医療費が抑制されているにもかかわらず，高すぎます。日本の保険業界では多くの場合，営業面での談合や不正などが後を絶たず，保険料の根拠も不明で，競争も十分ではありません。談合をして保険料を吊り上げている可能性はないでしょうか。そもそもデータが限られるなかでどうやって保険料を計算しているのか疑問です。多少は保守的に高めに設定することがあるにせよ，保険料が大量の正しいデータによって計算されていないと最終的には保険金の支払い等にも影響があり信用できません。

そもそも公的医療保険が充実しているので民間の医療保険は要らない，というファイナンシャルプランナーというような肩書きの人たちがいます。あまりにも医療を知らない，無責任ないい方です。

16　ファイナンスの多様化

未来病院は積極的にファイナンスの多様化を検討します。現行法ではいろいろ制限があります。

ただ一方で，患者やその家族の安心というミッションは絶対で，これを阻害するのは許されません。

患者やその家族の安心というミッションが達成されなければ，患者やその家族はもはや顧客でいてはくれません。そのような病院では，患者がどんどん離れていき，スタッフも離れていき，経営が成り立たなくなるのです。したがって，投資家も安心というミッションは絶対尊重しなければならないのです。利益のみを追求するというのは，もはや20世紀の考え方です。

一見矛盾するようですが，両立は可能です。まず，そもそも，非営利組織は利益を追求しないという考え方が古いのです。未来病院は最大利益を達成します。ただ，ミッションが前提の利益追求です。

これまでの病院は，現場の使命と経営者の利益追求とが分離していましたが，未来病院では現場のミッションと経営者の利益追求を共有します。社会性や持続可能性がこれまで以上に求められるからです。

ただ，現場のミッションが優先されます。非営利組織だからです。

病院経営がうまくいかない理由に，公定価格，労働市場の機能不足などがあります。これはもはや自力ではどうにもならないので，投資家や行政の力が必要になってくるのです。

　民間の力を強めるという意味もあります。

　コロナ禍では司令塔は保健所や行政でしたが，実際に動いたのは民間が多かったわけです。PCR検査も結局，民間が商機と捉えて活動したことで，需要に対応できました。スマホのアプリもコールセンターも民間が動きました。ところが，民間病院間の連携は鈍かったといわざるをえません。普段から役割分担が明確ではなかったからです。

　病院の多くを占める医療法人においては，持分という概念をなくす方向も見られますが，あまり進むとも思えません。そもそも，誰が持分を持っているかは実際の運営にはあまり意味を持ちません。

> **● Key word　持分**
> 医療法人に対する財産権。

　誰が意思決定するのかという点が重要です。少なくとも，事業を展開していく以上，ファイナンスは必須で，そのことが事実上意思決定に影響することは避けられません。実際，金融機関出身の事務局長なども少なくありません。

> **● Key word　医療法54条（剰余金配当の禁止）**
> 医療法人は，剰余金の配当をしてはならない。

　持分があれば増資のエクイティファイナンスは可能ですが，出資者のメリットはありません。デットファイナンス，融資か病院債かになります。

　土地などを所有されるほうがよほど意思決定に懸念が出てきます。いわゆるリート（REIT）などで株式会社が実質保有することも可能なので，柔軟に考えたほうがよいでしょう。

　投資でなくてもこれからは監査が重要です。通常の取引においても，これから生き残るか消えていくのか，病院の信用状況を踏まえたファイナンスが喫緊の課題です。病院の収支や，信用収縮など外部環境が厳しくなるなかでのファイナンスは今後困難になります。ゼロゼロ融資の返済も注目されます。

　病院などでは，信用リスクのほかに稼働率リスクが大きく，後者は銀行などには知識がありません。

●Key word　ゼロゼロ融資

新型コロナウイルス禍で売上が減った企業や病院などに実質無利子・無担保で融資するしくみ。

図表 1 − 34　貸借対照表の構造

貸借対照表は、左側に資産が、右側に負債と純資産が表示されます。

貸借対照表の左右は必ずイコールの関係になり、このことから Balance Sheet（バランス・シート）といわれます。

（出典）　https://www.mhlw.go.jp/file/06-Seisakujouhou-10800000-Iseikyoku/2houkokusho_h24-02-04_3.pdf

17　医療経済学で経営を観る

　未来病院の経営は，私が数年前に書きました『医療経済学入門』（岩波書店）を基礎にしています。経済学をもって医療を描き，診療報酬や病床規制などわが国の医療制度の特殊性も表現しました。時を経てもその内容は変わりません。経済原則やわが国医療の構造は変わっていないからです。

　コロナ禍を通じて大きな問題点がいくつか現実に顕在化しましたが，『医療経済学入門』によって説明はつきます。もっとも問題だったのは「使命感」でした。経済学の中でも一般的に経済活動の動機の１つとして使命感は評価されています。しかし，経済は最終的には経済的な利益によってコントロールされるものです。あくまでも経済的利益の追求をベースにしないとどこかにひずみが生じてきます。

　医療経済学は，生産性を最大にして医療資源を最適に配分することです。患者の効用を最大化し，医療内外で生産量を最大にすることです。限界生産性は均衡します（上昇させることはできます）。需要と供給を調整するのは診療報酬です。

　供給面では，各病院では，それぞれの診療報酬に対し，生産性に応じて最大利

益を目指して供給します。その供給の総和が全国の総供給です。総需給の差があ
れば，即座ではないにせよ診療報酬が動きます。各項目で同じことが起こります。

　各病院は長期的には，生産性に応じて最適規模になり，必要な雇用や設備など
が賃金やレンタル料に応じて決まってきます。

　各病院には同じ診療報酬に対して得意不得意によって生産性に違いがあります。
一般企業では，完全競争であれば，生産性が高いところが生き残ります。

　ところが，病院の場合，得意不得意による生産性の差が残ります。それぞれ別
の国のようなものです。サービスの価格は公定価格であり，生産要素とりわけ労
働の市場は効率的ではありません。

　生産性の差があるとき，現実には一般企業の場合には製品やサービスの価格競
争で淘汰されます。しかし，病院の場合，診療報酬は一定なので，そういった価
格競争は起こりません。

　人員基準や設備基準で人や設備もそれぞれ固定されているような状況です。生
産性は硬直化しがちです。もっとも創意工夫によって物理的生産性も付加価値生
産性も上昇させることが可能です。

　生産性の差によって比較優位が生じます。特化と分業によって，地域全体のサ
ービス量を増やすことができます。もちろん医療資源の最適配分もなされていま
すが，より多くの患者を診察できるようになるということです。資源の最適配分
は生産性の一致を条件にしますが，その生産性のレベルが上がるということです。
役割分担で生産性の底上げを実現するのです。

3　未来病院で役立つAI情報

　情報に基づく経営というごく当たり前のことが，コロナ禍を経てようやく病院
で本格的に始まろうとしています。コロナ禍以前は，情報の意味をなんとなく受
けとめながらもコストを抑制するだけでなんとなく経営が成り立っていたのです。

　情報を入手してどのように活用するのかは古今東西，経営には不可欠な課題で
す。これからはAIを適切に活用することが重要です。

　これまでの医療機関では情報の収集・活用がまったくといってよいほどできて
いませんでした。コスト抑制だけが追求され，生産性向上のための人材投資や設
備投資が十分積極的に行われていませんでした。

　これから生き残る病院は，臨床の現場の医療スタッフも含めすべてのスタッフ

に病院経営の意識があるところです。経営者はミッションを前提とした利益追求をします。そういう病院を本書では「未来病院」と呼んでいます。

　行動の指針と，よって立つべきデータが必要です。現場の医療スタッフにとっても経営者にとっても，経営上のミッションが優先されるのはいうまでもありません。しかし，経営上，何をどう行うのか，その結果，何が起こったのか，経営面で何が変化したのかが記録されなければなりません。そのデータの蓄積はやがてミッションを最大に達成します。

1　患者満足度が最重要

　未来病院には経営のダッシュボードがあります。いままでの病院にはそのようなものはなかったか，あってもかえって過ちを導くものでした。

●Key word　ダッシュボード
複数の情報をひとまとめにして表示するツール。

　ダッシュボードというのは概念的なイメージです。車や航空機のように操縦席に座って操縦することはありません。

　病院の経営者やマネジメント担当者，またはスタッフ全員が判断の根拠にする経営情報の主要項目です。加工されていない生の情報です。グラフやメーターなどで表示されています。

　そのなかでもっとも重要な指標は患者満足度です。車や航空機でいえば速度計です。

　フィードバックによって常に満足度に関する情報を収集し，ウォッチする必要があります。

　未来病院のミッションは患者やその家族の安心です。顧客である患者やその家族には安心したい欲望があります。その欲望を満たすのが未来病院です。

　可能な限り，チャットやeメールなどですべての患者とその家族から情報を収集すべきです。そうした姿勢が，いわゆるモンスター・ペイシェントの暴走に歯止めをかけることになります。

　同意を得た上で録音録画等は必須です。

　当然のことながら，個人情報保護は徹底しなければなりません。

2　生の多くの情報で直観

　情報にはバロメータ機能があります。状況を数値化することもできます。現況が判断できます。

　情報をより早いサイトで収集し表示する必要があります。情報はできるだけ生の状態で瞬時に伝わらないと直観的判断ができないからです。

　生の情報をできるだけたくさん集めることが重要です。

　先入観や常識にとらわれないことも必要です。

　意思決定は情報のパラメータ機能です。どのように判断・行動するかは直観によります。

　生のデータを直観的に見るとき直観的確率が役に立ちます。ベイズ推定です。ベイズ推定は推定であり、分析ではありません。

> ● **Key word**　ベイズ推定（Bayesian inference）
> 観測事象（観測された事実）から推定したい事柄（その起因である原因事象）を確率的な意味で推論。ベイズの定理が基本的な方法論として用いられる。

> ● **Key word**　ベイズ定理
> 事前確率（もともと持っている予想）が尤度（新しい事象）を受けて、どう変化するのかを示す事後確率を求めるための方法。

（例）

　過去のデータで救急搬送患者が感染者である確率は60%、非感染者である確率は40%であることがわかっているとします。

　Xを救急搬送患者が感染者か非感染者かを表す確率変数とします。

$P(X = p) = 0.6$

$P(X = n) = 0.4$

となります。この確率分布 $P(X)$ を事前分布といいます。

　搬送患者は検査で陽性であるという情報が与えられました。検査は、感染者の70%、非感染者の20%が陽性反応を示すとします。

　検査で陽性という情報により、感染者である確率は事前のデータである60%よりも高いと予想できます。目的は「過去のデータ」と「新たに得たデータ」を元に今日の搬送患者が感染者である確率を推定することです。

Dを検査結果が陽性か陰性かを表す確率変数とします。Xが与えられたとき，検査が陽性であるかどうかの確率P（D|X）は以下になります。

$P(D = p | X = p) = 0.7$

$P(D = n | X = p) = 0.3$

$P(D = p | X = n) = 0.2$

$P(D = n | X = n) = 0.8$

　求めたいのは，Dが与えられたときの搬送患者が感染者か非感染者かの確率P（X|D）です。

　ベイズの定理を使います。

$P(X | D) = P(D | X) P(X) / P(D)$

　P(D)はXによらないので計算する必要がありません。

$P(X = p | D = p) = P(D = p | X = p) P(X = p) / P(D = p) = 0.6 \times 0.7 / P(D = p)$

$P(X = n | D = p) = P(D = p | X = n) P(X = n) / P(D = p) = 0.4 \times 0.2 / P(D = p)$

　感染者である確率：非感染者である確率＝0.42：0.08となります。つまり感染者である確率は84％です。

　膨大な生データをベイズ推定にかけるにはAIが最適です。AIは学習して直観的に生成するからです。

　安心とは何か，個人消費とは何か，顧客の価値は何か，顧客の欲求は何かなどの主観的な価値の測定についてAIは最適だといえます。

3　内部構造・部門別収支の指標化

　未来病院では細かく役割分担が決まっています。基本的に，ミッションを果たすことに集中するので，日本型マイクロマネジメント組織で定番のくだらない会議とかコミュニケーションとか情報共有とかの必要もそれほどありません。

　とても複雑な構造です。役割分担が細かく相互に依存しあっているので，どの数値を見たらいいのか困難です。特に，部門別収支を利益で比較しようとすると，人件費の配賦次第で結果が大きくブレます。

　そのため，利益が最大になるときは付加価値も最大になるという前提で，付加

価値で部門別収支をみます。材料費を正確に配賦できれば，部門別の付加価値は比較的簡単に計算できます。

　未来病院は慈善団体ではありません。ミッションをより効率よく，より効果的に達成する組織です。非営利組織ですが，利益を最大化する目的は否定されていません。付加価値の最大化を目指します。

　重要なのは生産性で判断することです。収支差や利益だけで判断するのは間違いの元です。あくまで生産性で評価すべきです。

　利益や付加価値が大きくても，1人当たりや限界値が低いと意味がありません。もし付加価値（限界）生産性が低ければ，何に原因があるか特定でき，改善します。拡大や参入もあります。縮小や撤退もあり得ます。

　最適規模という問題もあります。身の丈に合っているかどうかよく聞きます。病院経営における最適規模とはなんでしょうか。診療報酬と限界費用が一致する水準です。限界費用は生産要素の価格と限界生産性で決まります。最適規模は，生産要素の価格を所与とすれば，生産性で決まってくるのです。長期でも短期でも同じです。長期では固定費も変動します。

　診療報酬とは関係なしに需要は発生しますので，供給が過剰である場合があります。その場合は縮小か撤退をします。また，診療報酬が低いために採算が合わず，供給は不足しているにもかかわらず，拡大も新規参入も行わないこともあります。これは順番待ちの増加やアンメットの増加につながります。

　病院の収支は一般的には，公に定められた会計基準で計算された収支が用いられます。しかし，これは必ずしも現状を正確に反映しているとはいえません。

　もちろん，病院のステークホルダーにとって，一定のルールに基づいた数字は必要です。比較の目的でも，統一したルールはないと比較ができません。

　病院は業務のかなりの部分を委託していたりするので，委託費とそれ以外の関係について注意しなければなりません。

　部門別収支の基礎は患者別データです。患者別で収入と材料費の関係を明らかにします。そうした付加価値はスタッフの貢献度の評価にも使えます。たとえば，A医師がB患者のために1時間働いたとします。A医師の人件費はその患者の付加価値になります。貢献度として評価し，給与を調整することもできます。

　給与によって働き具合を調整することは，普通は難しいです。しかし，貢献度を測った後に給与に反映することは可能です。長期的には，結果的に，給与によって働き具合が調整されることになります。

4 医療スタッフ1人当たりの付加価値

　未来病院ではスタッフ1人ひとりの付加価値に注目します。AIによって従業員1人ひとりに配賦すべき収入や材料費はかなり明確になります。AIは部門別個人別コストの把握に最適です。すると自分の生んだ付加価値と自分の給与を比較できます。

　もはや人事考課の必要もありません。

　いまの財界の経営者のほとんどは好き嫌いや立ち回りの要領の良さで評価されてきた人々なので，本来経営者の能力はありません（オーナー経営者は別格）。

　日本型マイクロマネジメント組織の主力である，好き嫌いや忖度，思い込み，先入観を排除する意味でも，直観力がこれからの経営者には求められます。医師，特に開業医，オーナー経営者が得意とするところです。それを強力にサポートしてくれるのがAIです。

　前提として，最大の付加価値を実現するとします。条件としては生産性，診療報酬，給与や設備投資の単価があります。もちろん自由競争（資源の最適配分）前提です。限界費用と診療報酬が一致するところまで供給します。そこで利益が最大になります。限界費用は生産性と生産要素の価格で決まります。規模が大きくなるにつれて人件費は下がることはないので，規模が大きくなるにつれて利益が多くなるならば，付加価値も大きくなります。

　病院経営は足し算引き算だけではありません。これまで収支が優先され，割り算があまりされていませんでした。生産性が重要なのです。

　生産性は，役割分担が比較優位によって最も効果的に組まれ，病院内の医療資源が最適に配分されることで最大になります。

　給与やマネーサプライ，GDPなどは，実質値が特に意味を持ちます。一般物価水準（以下「物価水準」といいます）でみた数値ということです。数値が金額で表現されるからです。

　人口統計のように一般物価水準とは関係のないものは，実質値はありません。

　ただ，これらの数値はそのままだと傾向がよくわかりません。もちろん，大小の比較はできるのですが，傾向がわかりません。

　そこで相対化がなされます。相対化すれば，時間や空間を超えて比較できます。もっとも一般的な相対化は変化率です。

　変化率という観点で，給与やマネーサプライ，GDPなどを実質値で見るべき理由がさらにはっきりします。数値が変化したときに，物価水準の変化のよるも

のなのか，実質的な変化なのか知る必要があります。

　通常の変化率は，変化量をもともとの値で割った値ですが，増加と減少が対称ではないので，本書では対数変化率を用います。

　対数変化率で見るメリットは要因がわかりやすいという理由もあります。たとえば，実質給与の変化率は，名目給与の変化率マイナス物価水準の変化率というように表現することができます。この時，実質給与が変化した要因が，名目給料の変化なのか，物価水準の変化なのか，原因がわかりやすいです。

　したがって，物価水準自体も変化率で表現することが多いです。変化率で見ることで時間や場所を超えて比較することが可能になります。これは，人口統計のような実質値でない数値にもいえます。

> ●**Key word**　一般物価水準
> 様々なモノ・サービスの価格を一定の方法で総合した値。

> ●**Key word**　インフレ率
> 一般物価水準の上昇率。

> ●**Key word**　インフレ
> 一般物価水準が上昇していること。

　生産性という数値も相対化の１つです。ただ，時空を超えて産出物の内容が異なりますので，生産性も比較は難しいです。そのため，生産性自体，変化率でさらに相対化されることになります。

　物理的労働生産性の変化率は，産出量の変化率マイナス労働の変化率となります。

　付加価値労働生産性の変化率は，付加価値の変化率マイナス労働の変化率となります。

　生産関数がコブ・ダグラス型関数の場合，産出量（付加価値）の変化率は，労働の変化率プラス資本の増加率プラス技術進歩率になりますので，変化率でみると要因がわかりやすいです。

　労働生産性の変化率は，資本の増加率プラス技術進歩率になります。

　新古典派の経済理論は労働市場は完全競争であると仮定しています。完全競争にはさまざまな条件があるのですが，たとえば，あらゆる情報が経営者と社員双

方に共有されていて，社員は，少しでも条件がよい雇用先があれば，即座にコストゼロで転職できるような状況です。

> ●**Key word**　コブ・ダグラス型関数
> 投入要素間の代替の弾力性が1である生産関数や効用関数。

> ●**Key word**　代替の弾力性
> 生産関数の2つの要素の比率の変化を限界代替率で割ったもの。2つの生産要素の価格比が1％変化したときに，その要素の投入量の比が何％変化するかを測る指標となる。

> ●**Key word**　（技術的）限界代替率
> ある財（生産要素）について，消費量（投入量）を1単位増加させたとき，同じ効用（産出量）を保つために，もう一方の財（生産要素）を減少させる単位。

> ●**Key word**　新古典派
> 古典派を重視する現代経済学の一派。

5　コストの変動を最大限抑制する

　未来病院でもコストはできるだけ抑制することには変わりありませんが，生産性を向上させるための人材投資や設備投資は積極的に行うべきです。ただ，コストの変動はできるだけ平準化する工夫はとられます。

　ポスト・コロナ禍において，原材料価格の高騰や円安を受けて，病院の経営は厳しい環境になっています。光熱水費の高騰や人件費の上昇圧力は経営を圧迫しています。最大の問題は，診療報酬は基本的に2年に1度しか改定されないということです。

　コスト管理は，今後の病院経営にとって必須です。特に変動は平準化しないといけません。診療報酬はコストの変動に連動しないからです。持続可能なように平準化に合理的な方法がとられなければなりません。コスト構造を熟知して，コスト変動を平準化するため先物取引や保険の活用が期待されます。

6　外部環境の影響の見える化

　内部構造の最適化によって効率性・生産性の最大化を図っても，外部環境は変化します。診療報酬の改定は収入に大きな影響を与えます。同じことをしても請求方法次第で収入が大きく異なってきます。従来はこうしたことは病院の経営部門が行ってきましたが，これから全員がエグゼクティブなので，全員が診療報酬の知識をつけなければなりません。

　診療報酬が1点変化したとき収入はどう変化するのか。

　ある数値が変化したとき，変化した量をもともとの値で割った値のことを変化率といいます。この変化率は上昇と下落を対称に扱うことができないという問題点があります。

　たとえば，100万円から150万円への増収の変化率は，（150－100）／100＝0.5でしたが，その逆の150万円から100万円への下落の変化率は，（100－150）／150＝－0.333…となります。

　ある量がXからYに変化したとき，log（Y/X）を対数変化率といいます。

　対数の底はeとします。ネイピア数（自然対数の底）です。対数変化率は普通の変化率と異なり，上昇と下落を対称に扱うことができます。

図表1－35　将来推計人口（令和5年推計）の概要

○　将来推計人口は、国勢調査（2020年調査）を出発点とした日本の将来人口を国立社会保障・人口問題研究所が推計したものであり、5年ごとに実施（今回の推計は、コロナ禍による影響を受け、スケジュールは1年遅れて6年ぶり）
○　前回推計より出生率は低下（1.44→1.36）
○　前回推計より平均寿命が延伸し、外国人の入国超過数も増加することで、総人口の人口減少は緩和

【推計結果】
○　今後、わが国の人口は、2020年の1億2,615万人から、2070年には8,700万人に減少。
○　高齢化も進行し、65歳以上人口割合は2020年の28.6%から一貫して上昇し、2070年には38.7%へと増加。

【前回推計（平成29年推計）との比較】
○　前回推計と比べ、将来（2070年）の出生率は1.44から1.36に低下。一方で、平均寿命は延伸し、外国人の入国超過数は増加する見通し。
○　その結果、50年後（2070年）の姿を比較すると、
・前回推計の8,323万人から今回推計では8,700万人に増加
・高齢化率は、前回推計の38.3%から今回推計では38.7%と横ばい
　と総人口の人口減少は緩和。
　※　長期の投影に際しては、コロナ禍におけるデータは除外

日本の総人口　※《 》内は高齢化率

	<実績>	<今回推計>	前回推計
	2020年	2070年	
総人口	1億2,615万人 →	8,700万人	8,323万人
65歳以上人口	3,603万人 →	3,367万人	3,188万人
	《28.6%》	《38.7%》	《38.3%》
15～64歳人口	7,509万人 →	4,535万人	4,281万人
0～14歳人口	1,503万人 →	797万人	853万人

出生仮定を変えた場合の2070年の総人口、高齢化率
高位推計（1.64）　9,549万人《35.3%》
低位推計（1.13）　8,024万人《42.0%》

※　令和5年将来推計人口は令和5年4月26日公表

図表1−35 将来推計人口（令和5年推計）の概要（つづき）

日本の人口の推移

○ 日本の人口は近年減少局面を迎えている。2070年には総人口が9,000万人を割り込み、高齢化率は39％の水準になると推計されている。

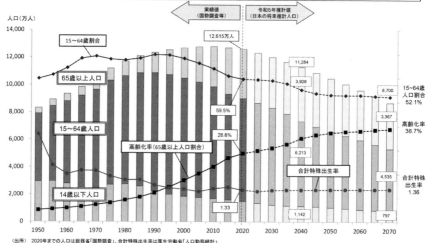

（出所）2020年までの人口は総務省「国勢調査」、合計特殊出生率は厚生労働省「人口動態統計」、
2025年以降は国立社会保障・人口問題研究所「日本の将来推計人口（令和5年推計）」（出生中位（死亡中位）推計）

（出典）　https://www.mhlw.go.jp/content/12601000/001093650.pdf

図表1−36　医療需要の変化　超高齢化・人口急減で，急性期の医療ニーズが変化する

○ 2025年から2040年にかけて65歳以上人口が増加する2次医療圏（135の医療圏）では、急性期の医療需要が引き続き増加することが見込まれるが、がん・虚血性心疾患・脳梗塞については、入院患者数の増加ほどは急性期の治療の件数は増加しないことが見込まれる。また、大腿骨骨折の入院患者数・手術件数は大幅な増加が見込まれる。
○ 2025年から2040年にかけて65歳以上人口が減少する2次医療圏（194の医療圏）では、がん・虚血性心疾患の入院患者数の減少が見込まれる。脳梗塞については、入院患者数の増加ほどは急性期の治療の件数は増加しないことが見込まれる。また、大腿骨骨折の入院患者数・手術件数は増加が見込まれる。

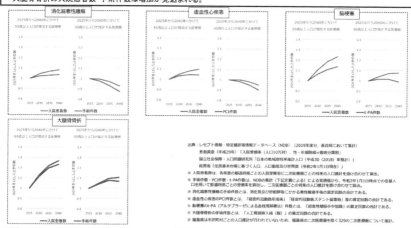

（出典）　https://www.mhlw.go.jp/content/10800000/000911302.pdf

114

7　診療報酬をパラメータに

　情報にはパラメータ機能があります。

　パラメータは「変数」のことですが，経済学では需給調整機能をパラメータ機能といいます。これをみて行動を決めるということです。

　病院経営の重要なパラメータは価格である診療報酬です。それで直接的に付加価値が変わるからです。もちろん，顧客の満足度がなければ事実上，付加価値はゼロなので，満足度が前提です。

　パラメータを見て付加価値も増やすことができます。どこまでが最適供給量・規模なのかを決めないといけません。

　ただ需要が伴うかどうかはわかりません。供給超過になっても価格は下がりません。需要超過になっても価格は上がりません。病院経営の難しいところはここにあります。

　開店休業や長い順番待ちが病院の特性になります。開店休業は患者を集めないと経営が成り立ちません。やがて撤退も出てきます。順番待ちがあっても経営上供給を増やせないことになります。

　診療報酬は単なる価格表ではありません。医療（患者）の需要を示すパラメータです。

8　情報の価値を知る

　マーケットにおいて情報が不完全だと資源の最適配分が実現しません。

　資源の最適配分を妨げる要因としては，①完全競争を妨げる要因（不完全競争）と，②たとえ完全競争であっても妨げる要因（市場の失敗）があります。情報の不完全性は前者です。

　情報の非対称性は情報の不完全性とは異なり，情報は完全でも，逆選択，モラルハザードを生じさせます。完全競争であっても情報の差は解消されません。

　逆選択しては，たとえば，質の良い医療サービスではなく，そうでない医療サービスが多く供給されてしまうことです。そのほうが病院の利益は多くなります。患者もわかっているのですが，選びようがありません。病気がちな人ほど保険の需要があることもそうです。これも保険会社は顧客を無視するわけにもいきません。

　モラルハザードとしては，たとえば，医療保険に加入して安心してしまい，不摂生な生活をするようになります。診療報酬次第で手間やコストをかけないで長

く入院させたり，長く待たせたりすることもそうです。

●Key word 完全競争

完全競争には次の条件が必要。

1）無数の取引主体

消費者と生産者は無数に存在し，各消費者・生産者は価格に対する支配力を持たない。

2）参入・退出が自由

消費者や生産者として市場に参入するのも，市場から退出するのも自由で，コストがかからない。

3）財の同質性

市場で売買されるそれぞれのモノ・サービスに差は存在しない。同一の財は同一価格。

4）情報の完全性

すべての消費者と生産者の間で，市場で売買される財に対する情報に差は存在しない。

●Key word 市場の失敗（market failure）

市場機能がはたらいたにもかかわらず，最適な資源配分が達成されない状態。具体的には以下のもの。

外部性
費用逓減産業
規模の利益
公共財
不確実性
情報の非対称性

●Key word 情報の非対称性

商品やサービスの売り手と買い手の間など異なる経済主体の間で保有する情報の使い方に対称性がないこと。

●**Key word** 　逆選択

質の良い財ではなく，質の悪い財のほうが多く市場に出回るようになるという現象。

●**Key word** 　モラルハザード

リスク回避を整備することで，かえってリスク回避に対する意識が薄れて，結果としてリスクが高まり，規律が失われる状態。

第2章

コロナ禍で顕現した「未来病院」

　未来は誰にもわかりません。しかし，未来の一部が前もって見えることがあります。それがコロナ禍でした。

　コロナ禍という想定外の危機に日本の病院経営は十分機能できませんでした。はじめてのことだったので，と言い訳をする人がいます。はじめてのことに対処してはじめて病院経営ではないでしょうか。

　コロナ禍が終息に向かっていくと学者やメディアは急に静かになりましたが，結局何が正しく，何が間違っていたのかはほとんど検証されていません。検証したら，いかにいい加減だったかということが明るみになるからです。しかし，今後何をすべきか課題は山積みのはずです。

　バツが悪いのかダンマリを決め込んでいるようですが，ろくな医療も受けられず亡くなられた方々に一言いただきたいものです。

　学者やメディアのほかに，すべてではありませんが，社内の身の処し方だけが上手いだけで上に立つようになった経営者が加わります（オーナー経営者は違います）。

　そういう経営者の吹き溜まりのような経済団体から，診療報酬を下げろみたいな声が聞こえて来ますが，日本の診療報酬が欧米に比べて貧弱であり，したがって，保険診療では治る病気も治らない状況をつくっていることをご存知なのでしょうか。そういう経営者は自分の保身しか頭にないのですが，日本の医療従事者の優れた才能を潰し，医療レベルや競争力を低迷させ，国民の生命や財産を奪っているのです。こうした経営者と学者，メディアは，日本をダメにしている３点盛りです。

　新型コロナウイルス感染症の「５類」移行後の診療報酬や制度がどうなるのか，病院経営者は関心を寄せています。材料費・光熱水費等の高騰に加え，人件費の上昇圧力も高まっています。医療現場の使命はもちろん，患者の救命などですが，

事業経営である以上，売上である診療報酬などの収入がうまく得られないとそもそも事業が継続しません。

　しかし，もっと本質的な課題も突きつけられていることにしっかりと向き合うべき段階にきているのではないでしょうか。

1 ｜ コロナ禍で顕在化した医療の課題

　コロナ禍では旧来の日本型マイクロマネジメント組織やその経営者の限界が際立ちました。医療経済学の視点でその課題をあらためて抽出し，整理します。

　医療に対する効用が安心に変わってきているにもかかわらず，制度や経営が旧態依然としているところが問題です。特に，DPCとか診療報酬のような制度が，日本の医療レベルの低迷や国際競争低下をもたらしています。

1　有名無実だった応召義務

　コロナ禍においてわが国では，入院できず在宅で亡くなる方が後を絶ちませんでした。

　わが国では法律で医師の応召義務が規定されています。

> ●**Key word**　医師の応召義務
> 日本の医師法等において，医師が診療行為を求められたときに，正当な理由がない限りこれを拒んではならないという義務。

　しかし実際には，コロナ患者の救急搬送等を断るケースはよく見られました。断るための「正当な理由」が幅広くとらえられていたからです。法令の解釈や判例などにより，いろいろな理由で患者を断ることが行われています。応召義務は形骸化しています。これでは応召義務の意味がありません。天下御免の救急搬送拒否です。

　救急搬送等を断るケースは，コロナ禍に限らず，平時から行われていました。救急患者の「たらい回し」ともいわれます。いったん病院で診察を受けたものの，より高度な治療のために転送受入れ病院が見つからないなどというケースも含まれます。

　かつて加古川市民病院事件のような事例があったからでしょうか。

> ●**Key word**　加古川市民病院事件
> 加古川市民病院の救急外来に来院した64歳の男性が急性心筋梗塞を疑われながら,
> 70分もの間, 経皮的冠動脈形成術（PCI）を施行できる医療機関に転送されず, 転
> 送前に死亡した。判決では医師の転送義務違反, 加古川市に損害賠償責任を認めた。

これは世界の常識なのでしょうか。

経済学では, 何を効用（満足度）としてとらえるかによって常識の中身が大きく異なってきます。医療経済学でいう効用は何でしょうか。効用を決めるのは消費者ですから患者の視点で考えないといけません。良いとか悪いとかではなく, あるべき論ではなく, 患者が医療に何を求めているかを観察しないといけません。

医療の目的, 患者の効用は「安心」です。病気を治すことだけではありません。家族の安心も含みます。

英国カンタベリーの街には, ホスピタルという施設がいくつかあります。病院ではありません, 巡礼者をもてなす施設です。カンタベリーはヨーロッパでも有数の巡礼地です。

いまは世界的に, ホスピタルといえば病院を意味します。もともと病院は, もてなす場所です。安心を提供する場所です。治したからすぐに出ていってくれというようなところではありません。

これまでの日本の診療報酬は国際的に貧弱で, 患者本位に運用されているとはいえません。DPCという診療報酬のしくみがあります。病院は, 病気を治すだけの場所なのでしょうか？　私たちは電気製品ではありません。制度自体に問題があるのではなく, 余裕がないのです。

もしDPCで私たちを追い出すなら行き先をきちんと確保すべきです。私たちや家族に探してくださいとか, 料金が高いゆえに空いている施設を紹介するとか, およそ人間の所業とはいえません。

日本が本格的な少子高齢化・人口減少時代を迎える歴史的転換期において分厚い中間層を形成していくためにも, 医療の安心が必須です。

（1）　応召義務の限界

医療における最大の安心は救急です。救命のため1秒でもはやく診療を受けられること, その後, 質の高い高度な専門の診療を受けられることです。したがっ

て，救急患者を断ってよいという理由は極力狭く定義されるべきです。

　応召義務については，社会情勢，働き方改革，ICTやAIが変化してきているなかで，今後のあり方をどのように考えるか，個人ではなく組織としての対応をどうするのかといった観点から検討が必要です。

　医師法19条に規定する応召義務については，医師が国に対して負う公法上の義務ですが，刑事罰は規定されていません。また，私法上の義務ではなく，医師が患者に対して民事上負う義務ではないとされています。

　ただ，いったん受け入れた後は基本的には一般法の刑事・民事責任は免責されません。

> ● **Key word**　公法上の義務
> 私人が国や公共団体に対して負っている義務（納税や交通ルールなど）。

> ● **Key word**　私法上の義務
> 私人間で契約等に基づき債権や債務が発生し，その不履行に対しては裁判や強制執行が行われる。

図表2－1　研究報告書の主な内容

＜診療しないことが正当化される事例の整理＞

		診療時間内・勤務時間内	診療時間外・勤務時間外（※）
①緊急対応が必要なケース	病状の深刻な救急患者など	○ 救急医療では、医療機関・医師の専門性・診察能力、当該状況下での医療提供の可能性・設備状況、当該医療機関・医師以外の他の医療機関・医師による医療提供の可能性（医療の代替可能性）を総合的に勘案しつつ、事実上診療が不可能といえる場合にのみ、診療しないことが正当化される。	○ 医の倫理上、応急的に必要な処置をとるべきとされるが、原則、公法上・私法上の責任に問われることはないと考えられる。 ※ 必要な処置をとった場合においても、医療設備が不十分なことが想定されるため、求められる対応の程度は低い。（例えば、心肺蘇生法等の応急処置の実施など） ※ 診療所等へ直接患者が来院した場合、必要な処置を行った上で、病院等に対応を依頼するのが望ましい。 ※ 診療した場合は民法上の緊急事務管理（民法第698条）に該当。
②緊急対応が不要なケース	病状の安定している患者など	○ 原則として、患者の求めに応じて必要な医療を提供する必要あり。ただし、緊急対応の必要があるケースに比べて、正当化される場合は緩やかに（広く）解釈される。 ○ 医療機関・医師の専門性・診察能力、当該状況下での医療提供の可能性・設備状況、当該医療機関・医師以外の他の医療機関・医師による医療提供の可能性（医療の代替可能性）のほか、患者と医療機関・医師の信頼関係などをも考慮。	○ 即座に対応する必要はなく、診療しないことに問題はない。 ○ 時間内の受診依頼、他の診察可能な診療所・病院などの紹介等の対応をとることが望ましい。

※ 「勤務時間内」については、所定労働時間のみならず、所定労働時間外であっても有効な時間外労働命令が出されている時間を含む。ただし、勤務医の勤務環境への配慮の観点から、病院やその付近に滞在しているものの、所定労働時間外かつ時間外労働命令も出されていない時間は含まず、「勤務時間外」とする。
また、医療機関の機能として、夜間休日の救急患者等の受入れが予定される場合（救急医療機関等）には、受入れが想定される救急患者等への対応については、夜間休日であっても「診療時間内」とする。なお、休日夜間診療所、休日夜間当番医などを担当している場合は「診療時間内」、「勤務時間内」とする。

図表2-1　研究報告書の主な内容（つづき）

		診療時間内・勤務時間内	診療時間外・勤務時間外
個別事例ごとの整理 ※ 基本的な対応は②の整理による。仮に、緊急対応が必要な場合には、①の整理による。	患者の迷惑行為	○ 従前の診療行為などにおいて生じた迷惑行為の態様に照らし、診療の基礎となる信頼関係が喪失している場合（※）には、新たな診療を行わないことが正当化される。 ※ 診療内容そのものと関係ないクレーム等を繰り返し続けるなど。	○ 即座に対応する必要はなく、診療しないことに問題はない。 ○ 時間内の受診依頼、他の診察可能な診療所・病院などの紹介等の対応をとることが望ましい。
	医療費不払い	○ 以前に医療費の不払いがあったとしても、そのことのみをもって診療しないことは正当化されない。しかし、支払能力があるにもかかわらず悪意を持ってあえて支払わない場合等には、診療しないことが正当化される。 ○ 具体的には、保険未加入など医療費の支払い能力が不確定であることのみをもって診療しないことは正当化されないが、医学的な治療を要さない自由診療において支払い能力を有さない患者を診療しないことは正当化される。 　また、特段の理由なく保険診療において自己負担分の未払いが重なっている場合には、悪意のある未払いであることが推定される場合もあると考えられる。	
	入院患者の退院や他の医療機関の紹介・転院など	○ 医学的に入院の継続が必要ない場合には、通院治療等で対応すれば足りるため、退院させることは正当化される。 ○ 医療機関相互の機能分化・連携を踏まえ、地域全体で患者ごとに適正な医療を提供する観点から、病状に応じて大学病院等の高度な医療機関から地域の医療機関を紹介、転院を依頼・実施するなども原則として正当化される。	
	差別的な取扱い	○ 患者の年齢、性別、人種・国籍、宗教のみを理由に診療しないことは正当化されない。 　ただし、言語が通じない、宗教上の理由などにより結果として診療行為そのものが著しく困難であるといった事情が認められる場合にはこの限りではない。 ○ その他、特定の感染症への感染など合理性の認められない理由のみに基づき診療しないことは正当化されない。 　ただし、1類・2類感染症など、制度上、特定の医療機関で対応すべきとされている感染症にり患している又はその疑いのある患者等はこの限りではない。	

（出典）　https://www.mhlw.go.jp/content/12601000/000529089.pdf

　応召義務は実際、職業倫理や行為規範として機能してきました。24時間365日断らない救命救急の根拠にもなっていました。

　一方で、医師の過重労働につながっていた病院もありました。地域でもっとしっかりした役割分担が必要でした。

　これからは、医師の働き方改革との関係等において、地域の医療提供体制を確保しつつ、過剰な労働を強いることのないような役割分担が必要です。

　そもそも医療は不確実性を対象にします。わが国の場合、応召義務を謳っているものの、一般法の民事・刑事責任は免責されません。普通に考えて酷な話です。だから、同意書などを沢山とらざるをえないですし、不確実性が高い患者を何かと理由をつけて忌避する傾向がでてきてしまいます。そのため少なくとも応召義務については不確実性について積極的に受け入れられるような体制の構築が必要です。もともと医療行為は内容によっては、通常は刑法上違法とされる行為でも、その違法性が否定される事由があるのです。その流れでいうと、救急独自の免責もあって然るべきです。

　こうした救急についての法的未整備もあって、コロナ禍では医療の逼迫により、

適切な医療を受けることができず，在宅で亡くなる方が後を絶ちませんでした。

（2） 24時間ERの構築

これまでのところ，とりあえず，救急搬送などを断ってよいとされる事由はあります。しかし，現実問題として，これらの法的判断を現場の忙しい医師が咄嗟に行うのは不可能です。

後で責任を問われる事由としてもこれらが使われるとしたら，自信がなければ，全部断るしかありません。免責がなければ，保守的な判断しかできません。

救急は，地域で役割分担をし，可能な限りリソースを集中しないと無理だという指摘はこれまでもありました。そうした役割分担が十分ではない状況でコロナ禍が起こりました。

そもそも，コロナ禍で救急がうまく機能しなかったのは，2類の患者は断ってよいと解釈されていたからです。しかし，どこかに搬送する体制はあるべきでした。感染症を含めて24時間365日断らない救急（24時間ER）を整備していくということは必要でした。ただ，同じ24時間ERでも病床数等の制約から通常の救急を維持するためにあえて感染症患者を受け入れないという選択もありました。

救急搬送の問題のみならず，長らく医療提供体制の課題だった病院の機能強化・分化について改めて必要性を突きつけられたかたちとなりました。

24時間ERのためには，人材を含めて多くの医療資源をその病院に集中する必要があり，中小の病院では難しいことから，おのずと医療機能の分化（統廃合による大規模化）が進みます。働き方改革に沿って，すでに高い水準にある医療者の労働負担を下げながらこうした病院を作ることは集約化なしには難しいわけです。

こうした統廃合には，一国一城の主である中堅病院の経営者の不同意が予想されます。そこで注目されるのがミッション・コマンド組織です。組織にいながら自由度が高い組織です。

救急搬送を断らない病院は日本国内にすでにあり，そうした病院のノウハウや知見がもっと広く共有され，診療報酬制度上も高く評価される必要があります。

病院の機能分化・強化を進める政策はそのまま未知の新興感染症への対策にもなります。コロナ禍では，急性期の医療機能が分散されているために強力に患者を受け入れる病院がなく，医療連携がすぐに困難になってしまいました。

救急医療体制についてはこれまで初期・二次・三次救急医療機関の整備が行わ

れてきました。高齢化等社会という構造変化に対応できる救急医療体制のあり方が必要です。継続して増加する救急搬送件数，医師の働き方改革など，救急医療を取り巻く状況を踏まえ，質が高く効率的な救急医療体制の構築のためにも病院の機能分化・連携を構築しないといけません。

（3） コロナ禍での救急の教訓

　コロナまたはその疑い患者の救急受入れについて病院経営者は可能な限りの工夫をしたでしょうか。

　救急現場の医療スタッフが患者を断らざるを得ない理由として，そうした患者を受け入れても十分に治療できないどころか，院内感染を引き起こしかねないという事情がありました。これは，人や設備が足りないということですが，人や設備を調整するのは経営者の仕事です。

　あるいは経営者は現場に対して覚悟を示したでしょうか。コロナかコロナ疑いの患者を受け入れるにはそれなりのリスクがあります。そのリスクを払拭できる対策が十分できていないとリスクは多くの生命にかかわります。当然そのことに

図表2－2　救急搬送困難事案の推移

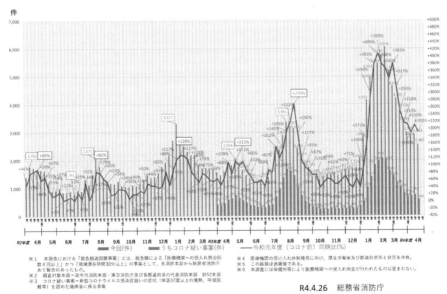

※1　本調査における「救急搬送困難事案」とは，救急隊による「医療機関への受入れ照会回数4回以上」かつ「現場滞在時間30分以上」の事案として，各消防本部から総務省消防庁あて報告のあったもの。
※2　調査対象本部＝政令市消防本部・東京消防庁及び各都道府県の代表消防本部　計52本部
※3　コロナ疑い事案＝新型コロナウイルス感染症疑いの症状（体温37度以上の発熱，呼吸困難等）を認めた傷病者に係る事案
※4　医療機関の受け入れ体制確保に向け，厚生労働省及び都道府県等と状況を共有。
※5　この数値は速報値である。
※6　本調査には保健所等により医療機関への受入れ照会が行われたものは含まれない。

R4.4.26　総務省消防庁

（出典）　https://www.mhlw.go.jp/content/10802000/000935922.pdf

適切な取組みが求められます。しかし，リスクはゼロにはできません。これには まず経営者の覚悟が必要です。最初から安易に敵前逃亡のような救急搬送の拒否 を事実上させていなかったでしょうか。

　病院の役割分担も不十分でした。平時から，医療スタッフの過度な負担なしに 「24時間365日断らない救急」（24時間ER）が実現できる役割分担が構築される必 要がありました。

　24時間ERのなかでも，分類に応じて感染症の患者を受け入れるかそうでない かの役割分担も明確にしておくべきでした。断らない救急だからといって感染症 の患者も無制限に断らずに搬送受入れを行って救急が崩壊しては元も子もありま せん。

　政府は，病院にコロナ患者を受け入れてもらうために病床確保料という潤沢な 金銭的インセンティブを与えることで対処してきました。膨大な公金が投じられ た一方で，国際的には少ない感染者数にもかかわらず，救急搬送がうまくいかな いことなどもあって，在宅で亡くなる方が後を絶ちませんでした。この事実は， 個々の医療スタッフの献身的な取組みとは別に医療提供体制における役割分担が 大きな問題を抱えていることを示唆しています。

（4）　アメリカの救急搬送

　アメリカでは一般的には病院の医師等に応召義務はありません。ただ救急にお いては「緊急医療処置及び分娩に関する法律」（EMTALA；The Emergency Medical Treatment and Active Labor Act）」があります。EMTALAに基づき 病院の医師等には，患者の支払能力などにかかわらず患者の状態を安定させる義 務（能力がない病院は適切に転院させる義務，能力のある病院は転送を受け入れ る義務）があります。違反に対しては罰金が科せられます。

　搬送中の患者にはEMTALAは適用されないことがあります。その場合，ベッ ドが満床などの理由があれば，受入れを断っても罰則の対象にはなりません。も っとも実際には「切迫する」患者については，たとえ受入不能とされている病院 であっても救急隊の判断で搬入が行われています。

　このような制度の導入を日本でも検討すべきです。地域の救急医療を担う病院 間の役割分担が必要ですが，自主的には無理そうなら法令で規制するしかありま せん。「切迫する」というような「救急隊の判断で」が難しいのであれば，「地域 メディカルコントロール（MC）担当医の判断で」とする方法もあります。

アメリカでは「善きサマリア人法」（Good Samaritan Law）と呼ばれる法律があり，事故等の場合の無償で善意に基づく手当などについては，故意または重大な過失のない限り法的責任を負わないものと定めています。

日本でもこのような法整備が必要です。

（5）　病院の役割分担

コロナ禍で救急や入院受入れが円滑に進まなかった背景として，病院の役割分担がうまくいっていなかったことがあります。政府や自治体，保健所との連携はもとより病院同士でも役割分担がうまく作れませんでした。

役割分担を付与しようにも，似たような機能を持つ中小規模の民間病院が多い，医療資源が分散しているとの指摘もありました。日本は病院が多いうえに，その約7割は200床未満の中小病院です。

にもかかわらず，急性期の病床割合は約6割に上っており，急性期の医療機能が集約化されていないこともたびたび指摘されています。困難な患者の受入れは断ってしまえるので，多くの病院が診療報酬上のメリットを目指して，急性期病院に手を上げているという実態もあります。

その結果，特に急性期で，医療資源が分散してしまい，1病院当たりの医療スタッフが諸外国に比べて少ないのです。救急医療に携わる急性期病院であっても救急専門医が1人しか常駐しないような病院もあります。

ある程度大規模病院でないと安定的・持続可能的にコロナ患者などの救急や入院を受け入れることができません。医師が複数いて交代が充分でき，施設も充実していて，病床も区分できるほどに余裕があることが求められるわけです。

院内感染を防ぐためにコロナまたはコロナ疑い患者と通常の患者を分ける（ゾーニング）には，規模の大きな病院でないと難しいわけです。

中小の病院はコロナ患者などの受入れが物理的に容易ではないのです。

ただ，急性期病院が分散しているとの指摘については，近隣に急性期の機能がある病院があるのは安心です。病院がすべて大規模である必要はありません。問題は役割分担です。

病院が継続的に救急のようなサービスを供給をするためには，高い比較優位，効率性が求められます。コロナ患者のような感染症患者を含め24時間ERを実践していくためには一定の規模が必要です。

非常時に，公立か民間かというのもあまり意味がありません。重症化したらそ

れなりの設備やスタッフが必要です。そういう設備やスタッフのあるところに転院すればよいのです。そういう適切な役割分担と効率化ができていなかったわけです。

　ダウンサイジングというのが一時期流行しましたが，とりあえずの収支の改善しか得られません。病院の果たすべきミッションについて考えると，どのようなタイプの病院になるかというのは比較優位で決まってきます。積極的に設備投資や人材投資を行って生産性を上げていくことも重要です。

（6）　メディカルコントロール（MC）

　消防庁，厚生労働省において，それぞれ「救急業務の高度化の推進」および「病院前救護体制のあり方」の立場から，具体的なメディカルコントロール体制の構築と充実を図ることとなりました。

　たとえば，専属の救急救命士が所属している救急調整室を運用している病院もあります。そこでは他病院からの転院搬送の依頼窓口業務や，診療情報の収集業務，また適切な転院搬送先の選定や，時には実際に搬送業務を一手に引き受け，円滑な医療を強力にサポートしています。そのため医師は診療に専念でき，迅速かつ最善の治療に全力を尽くすことができています。

> ●**Key word**　メディカルコントロール（MC）
> 傷病者を救急現場から病院へ搬送する間に救急救命士が実施する医療行為に対して，医師の指示または指導・助言および検証することにより，それらの医療行為の質を保証すること。直接的MC（オンラインMC）と間接的MC（オフラインMC）とがある。

図表2－3　搬送・受入れルール

○ 消防法に基づき、都道府県に医療機関、消防機関等が参画する協議会（メディカルコントロール協議会等）を設置し、"消防機関による傷病者の搬送"及び"医療機関による当該傷病者の受入れ"の迅速かつ適切な実施を図るため、傷病者の搬送及び受入れの実施に関する基準（実施基準）の策定が義務づけられている。

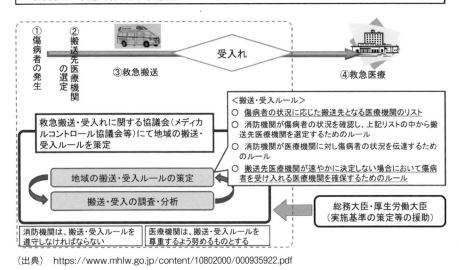

（出典）　https://www.mhlw.go.jp/content/10802000/000935922.pdf

● **Key word**　メディカルコントロール協議会

消防機関による救急業務としての傷病者の搬送及び医療機関による当該傷病者の受入れの迅速かつ適切な実施を図るとともに，救急隊員（救急救命士を含む）の資質を向上し，医学的観点から救急隊員が行う応急処置等の質を保証することにより，傷病者の救命効果を向上させる協議会。

（参考）

○「消防法の一部を改正する法律」の公布について

　（平成21年5月1日）（／消防救第95号／医政発第0501001号／）

　（各都道府県知事・各政令指定都市市長あて消防庁次長・厚生労働省医政局長通知）

　　第171回国会で成立した「消防法の一部を改正する法律」は，平成21年5月1日法律第34号をもって公布されました。

　　今般の消防法（昭和23年法律第186号）の一部改正は，傷病者の搬送及び受入れの迅速かつ適切な実施を図るため，都道府県が傷病者の搬送及び受入れの実施基準を定めるととも

に，当該実施基準に関する協議等を行うための消防機関，医療機関等を構成員とする協議会の設置等を行ったものです。

　貴職におかれましては，下記事項に留意の上，貴都道府県内の市町村（消防の事務を処理する一部事務組合等を含む。），医療機関，関係団体等に対してこの旨周知されるようお願いします。

　なお，改正後の消防法第35条の6においては「総務大臣及び厚生労働大臣は，都道府県に対し，実施基準の策定又は変更に関し，必要な情報の提供，助言その他の援助を行うものとする」とされており，今後，実施基準の策定のためのガイドラインの発出等必要な情報提供をする予定であることを申し添えます。

記

第1　消防法の一部改正

1　目的の改正に関する事項

　法の目的に，災害等による傷病者の搬送を適切に行うことを追加するものとしたこと。（第1条関係）

2　実施基準の策定に関する事項

　(1)　都道府県は，消防機関による救急業務としての傷病者の搬送及び医療機関による当該傷病者の受入れの迅速かつ適切な実施を図るため，傷病者の搬送及び傷病者の受入れの実施に関する基準（以下「実施基準」という。）を定めなければならないものとしたこと。（第35条の5第1項関係）

　(2)　実施基準においては，都道府県の区域又は医療を提供する体制の状況を考慮して都道府県の区域を分けて定める区域ごとに，次に掲げる事項を定めるものとしたこと。（第35条の5第2項関係）

　　①　傷病者の心身等の状況に応じた適切な医療の提供が行われることを確保するために医療機関を分類する基準

　　②　①に掲げる基準に基づき分類された医療機関の区分及び当該区分に該当する医療機関の名称

　　③　消防機関が傷病者の状況を確認するための基準

　　④　消防機関が傷病者の搬送を行おうとする医療機関を選定するための基準

　　⑤　消防機関が傷病者の搬送を行おうとする医療機関に対し傷病者の状況を伝達するための基準

　　⑥　④及び⑤に掲げるもののほか，傷病者の受入れに関する消防機関と　医療機関との間の合意を形成するための基準その他傷病者の受入れを行う医療機関の確保に資する事項

　　⑦　①から⑥までに掲げるもののほか，傷病者の搬送及び傷病者の受入れの実施に関

し都道府県が必要と認める事項

(3) 実施基準は，医学的知見に基づき，かつ，医療法（昭和23年法律第205号）第30条の4第1項に規定する医療計画との調和が保たれるように定められなければならないものとしたこと。（第35条の5第3項関係）

(4) 都道府県は，実施基準を定めるときは，あらかじめ，5に規定する協議会の意見を聴かなければならないものとしたこと。（第35条の5第4項関係）

(5) 都道府県は，実施基準を定めたときは，遅滞なく，その内容を公表しなければならないものとしたこと。（第35条の5第5項関係）

3 総務大臣及び厚生労働大臣の援助に関する事項

総務大臣及び厚生労働大臣は，都道府県に対し，実施基準の策定又は変更に関し，必要な情報の提供，助言その他の援助を行うものとしたこと。（第35条の6関係）

4 実施基準の遵守等に関する事項

(1) 消防機関は，傷病者の搬送に当たっては，実施基準を遵守しなければならないものとしたこと。（第35条の7第1項関係）

(2) 医療機関は，傷病者の受入れに当たっては，実施基準を尊重するよう努めるものとしたこと。（第35条の7第2項関係）

5 実施基準に関する協議等を行うための協議会に関する事項

(1) 都道府県は，実施基準に関する協議並びに実施基準に基づく傷病者の搬送及び傷病者の受入れの実施に係る連絡調整を行うための協議会（以下「協議会」という。）を組織するものとしたこと。（第35条の8第1項関係）

(2) 協議会は，次に掲げる者をもって構成するものとしたこと。（第35条の8第2項関係）

① 消防機関の職員

② 医療機関の管理者又はその指定する医師

③ 診療に関する学識経験者の団体の推薦する者

④ 都道府県の職員

⑤ 学識経験者その他の都道府県が必要と認める者

(3) 協議会は，必要があると認めるときは，関係行政機関に対し，資料の提供，意見の表明，説明その他の協力を求めることができるものとしたこと。（第35条の8第3項関係）

(4) 協議会は，都道府県知事に対し，実施基準並びに傷病者の搬送及び傷病者の受入れの実施に関し必要な事項について意見を述べることができるものとしたこと。（第35条の8第4項関係）

第2 その他

1 この法律は，公布の日から起算して6月を超えない範囲内において政令で定める日か

ら施行するものとしたこと。（附則第１条関係）

2　消防組織法（昭和22年法律第226号）について所要の改正を行うものとしたこと。（附則第２条関係）

（出典）

https://www.mhlw.go.jp/web/t_doc?dataId=00tb5453&dataType=1&pageNo=1

（参考）

緊急度判定プロトコルver.3

対象

　住民，救急相談員，通信指令員，救急隊員

内容

　医学的根拠に係る研究，他のプロトコルとの整合性等について検討し，緊急度判定プロトコルver.3を作成しました。

　これらのプロトコルは，救急医療の専門医師による医学的観点に基づき作成しています。

用途

①　家庭自己判断

　住民の方々が，自ら又は他者が緊急性を感じる事態に遭遇した際，その緊急度を判定し，その後に取るべき対応を判断しやすくすることを目的として作成しました。

②　電話相談

　医療スタッフによる救急電話相談の際，傷病の緊急度及びその結果に基づいて提供する情報を標準化することを目的として作成しました。

③　119番通報

　指令業務において，傷病者の緊急度を判定し，その緊急度に応じて対応する必要があることから，指令員の緊急度判定に関する知識及び技術の標準化を目的として作成しました。

④　救急現場

　救急現場において，様々な病態を有する傷病者の緊急性を的確に判断し，適切な搬送先選定・搬送方法につなげていくことを目的として作成しています。

（出典）

https://www.fdma.go.jp/mission/enrichment/appropriate/appropriate002.html

---

2　優先順位は合理的だったか

　コロナ禍では医療の優先順位が問題になりました。

　コロナ禍における在宅死の要因の多くは，救急が受け入れてくれなかったことです。これでは患者の安心に応えていることにはなりません。人手や入院枠が限

られていたことがありますが，優先順位は適切だったのでしょうか。合理的な安心が得られるよう優先順位を説明してください。

　医療資源は有限なので，順番待ちが生じます。日本の医療は国民皆保険を前提にして平等性が定評ですが，実際は必ずしも平等ではありません。待ち時間が長い短いでかなりの不平等が存在します。救急でもあります。医療資源が限られているので仕方ないといわれればそれまでかもしれませんが，ことは命にかかわる話ですから深刻です。

●Key word　国民皆保険

すべての国民が公的医療保険に加入すること。

　こうした不平等は不公平であってはなりません。医療については特に合理性が必要です。トリアージの前では，またはトリアージが行われない場合は，基本的に早い者勝ちということになります。それでよいのでしょうか。優先順位は別途設定しなくてもよいのでしょうか。

　欧米では，金銭的負担で優先レーンがあることもあります。自由診療も一般的です。クラス分けが一般です。航空機では，ビジネスクラスとエコノミークラスの違いはいろいろありますが，最大の差は保安検査などの待ち時間です。日本ではあまり差がありませんが，欧米では極端に差があることがあります。

　医療では，待ち時間が長いために死に至ることがあります。順番待ちによるアンメット（十分な医療を受けられないこと）です。コロナ禍はまさにそのことが生死を分けました。たとえば，人工呼吸器やECMOを誰につけるかという問題もありました。トリアージも行われました。

　日本では基本的に患者を差別してはならないことになっています。しかし，差額ベッドのような差は認められています。いまでは予約が一般的ですが，予約もそのうち有料になるかもしれません。

　あるいは，そろそろ，ビジネスクラスのような制度導入を議論してはいかがでしょうか。世の中にはいろいろな格差があります。医療だけ平等というのは国際的に違和感があります。助かる命も日本では助かりません。医療の発展を阻害します。

●Key word　トリアージ（triage）

重傷度や治療緊急度に応じた傷病者の治療や搬送の優先順位。

3　自己犠牲では持続しない

　自己犠牲は持続しないばかりか，正当な労働を排除してしまい，結果的に医療経済的には良い結果をもたらしません。

　病院の提供するサービスは安心が効用でなくてはなりません。

　コロナ禍では，コロナにかかり重症になっているにもかかわらず，病院に入院できず自宅で亡くなるケースが多発しました。救急車も何時間も入院先を探すケースが増えたり，なかなか来ないというケースもありました。

　これは，患者からすると医療崩壊ということです。医療資源の最適配分や役割分担どころか，壊れてしまったのです。これでは不安が募る一方です。

　メディアや学者は毎日のように不安を煽りました。

　背景には医療スタッフの自己犠牲がありました。メディアが自己犠牲をしている医療スタッフを讃え，患者はますます従順にならざるを得ませんでした。そこで役割が期待されたのは経営者でした。病院のエンジンは使命感ですから，それを診療報酬や補助金に結びつけ，事業としての医療を持続させるのが経営者の責務です。すなわち，必要なのは自己犠牲ではなく，正当な報酬です。報酬はしっかり払い，顧客である患者の安心に応えることです。しかし，今回の経営者はそれができませんでした。組織が旧態依然のまま，コストダウンに目が行き，機能不全でした。自己犠牲を目論んだ経営者もいました。

　普段から病院は患者やその家族に不安を与え続けていました。DPCで病院は患者を追い出すのが仕事になりました。次に行く先を決めてくれればよいのに，その役目を家族に押し付けます。

　未来病院は患者の安心を優先します。

（1）　ダンピングにならないか

　コロナ禍では医療スタッフの献身的な働き，自己犠牲が話題になりました。メディアが煽り，神格化されたようなところもありました。

　自己犠牲は尊いのですが，基本的に持続しません。自己犠牲を続けていたら，死んでしまうかもしれません。そうでなくても，経済的に持続しません。正当な報酬を受けていかないと持続しません。

　自己犠牲は，自己犠牲ではない市井の人々の労働も奪いかねません。自己責任だから自由ではないかといわれるかもしれませんが，ダンピングのように社会的に容認されない場合もあるのです。

> ●**Key word**　ダンピング（dumping）
> 不当に安い価格で商品やサービスを提供すること。適切な価格で商品やサービスを提供している他の事業者の活動が困難となる場合などには，規制を受けることがある。

　平時からわが国の医療は医療スタッフの方々の尊い自己犠牲に大きく依存してきました。医療は人間の命を扱うものですし，時間がきたから止めるというようなわけにもいきません。人の命を扱うわけですから，たとえば一刻を争う救急患者に，この程度でとか，続きは後日とかいうわけにはいきません。その場合は時間外や深夜の超過労働も生じがちです。

　真摯に向き合えば向き合うほど，労働時間は超過していきます。働き方改革もありますが，働き方改革だからおしまいですというわけにいきません。チーム力などを向上させて，しっかりと交代対応できるようにすべきです。その辺は経営者やマネージャーの仕事です。やむをえず超過勤務になる場合は，相応の報酬を得るべきです。医療スタッフとはいえ，働きに対して正当な報酬を得るべきです。

　ボランティアを否定しているのではありません。コントロールができる範囲にとどめるべきです。コントロールするのは経営者です。経営者が機能していない組織ほど自己犠牲が大きいのです。あるいは意図的に自己犠牲を利用しているのは犯罪に近いものです。自己犠牲を食い物にする小狡い経営者です。

　そもそもこれまで日本のマイクロマネジメント組織は，個人を食い物にする仕組みでした。そうやって組織は利益を生みます。しかし利益は社員に分配されません。自己犠牲は報われません。だから自己犠牲なのです。

（2）　上から目線の医療

　平時からわが国の医療は医療スタッフの方々の尊い自己犠牲に大きく依存してきたことは間違いないことです。それゆえか，医療スタッフにはどこか上から目線のようなものがあり，患者はどこか後ろめたさのようなものを感じるところもありました。

　自己犠牲はボランティア精神といってもよいでしょうか。経済的には，無償で働くことです。自己犠牲にせよ，ボランティア精神にせよ，普通はできないことですし，尊敬に値します。しかし，上から目線はよくないです。せっかくの善行を台無しにしてしまいます。

日本が世界に誇れるものの1つに接遇の技術があります。特に航空会社の客室乗務員は世界トップです。資質もありますが，教育の問題です。病院をホスピタルと呼ぶのなら，ホスピタリティは学ばなければならないですし，実現可能です。意識改革が必要です。

　サービス業として，顧客である患者と対等であるべきです。上から目線はありえない話です。

　ボランティアを否定しているわけではありません。

　上から目線があるとしたら，その原因は，言葉を選ばずにいうと，医療スタッフの勘違いではないでしょうか。

　メディアがそうした勘違いを煽りました。コロナ禍では当初，医療スタッフが自己犠牲をしてまで，頑張っているというような報道が目立ちました。東京オリンピックなどでも，いわゆるエッセンシャル・ワーカーの要として紹介されました。そのこと自体は間違いないですし，いまも基本的には変わらないと思います。

　しかし，自己犠牲は持続しません。しっかりと持続する体制が必要でした。

　だんだんと日本の，とりわけコロナ禍に対する医療に向けた批判的な報道が目立ってきました。日本の報道が，医療に関しては特にアマチュアであることを差し引いても，コロナ禍に日本の医療は機能していないというような報道が増えてきました。

　実際，入院できずに自宅で亡くなる方も少なくなかったわけです。適切な医療を受けられないか，かなり時間をおいてなんとか受けられる患者が急増しました。医療の本質はいろいろ議論があるでしょうが，救命というのがもっとも重要な機能の1つだと思います。それが十分に発揮できなかったというのは大変大きな問題です。

　その辺について医療スタッフはどう考えているのでしょうか。

　たとえば，法律で医師には応召義務というのがあります。役割分担の体制がもっとしっかりしていれば，これほど在宅で命を落とす人は多くなかったのではないでしょうか。その1つひとつの死については，法令違反や訴訟の余地もあると思います。

　ちなみに，介護人材への上から目線もあるとしたら，やめたほうがよいです。

（3）　自己犠牲は自己満足ではないか

　医療スタッフの自己犠牲はもちろん尊いものですが，自己満足に陥る可能性が

あります。

　患者やその家族の安心というミッションを達成しなければ意味がありません。診療報酬などの収入もしっかり得ていかないと経営も成り立ちません。自身も相応しい給与を得ていかないと持続しません。

　もっとも，現場の医療スタッフにそのような認識を保持してもらうのは，自らの力では無理かもしれません。そこで必要になってくるのが経営者です。経営者はもちろん，お金の差配を考える人です。スタッフの使命感を診療報酬という仕組みのなかでマネタライズする人です。しかし同時に，病院のミッションというものに個々の医療従者の使命感を統合していく責務があるのです。

　人材を安く雇用しようと経営者は安易に自己犠牲に頼るかもしれません。医療スタッフにも経営感覚が必要です。病院経営を持続させるのもミッションの一部なのです。

4　働き方改革で特権意識から脱すべき

　未来病院では誰しもが同じ目線で人に接します。働き方改革は意識改革でもあるのです。医療スタッフの使命は重要ではありますが，だからといって，それ以外の人を上から目線で見ることがあるとしたら，それは勘違いです。医療スタッフはヒーローやヒロインのように思うことがあるとしたら，それは勘違いだと再認識すべきです。

　医療スタッフに特権意識がもしあるとしたら，なくすべきです。国家資格であることはわかりますが，国家から資格を付与されただけであって，表彰されたわけではありません。特に，介護人材への上から目線もあってはならない所業です。

　医師の働き方改革を実現するには，労働時間の把握や管理を適切に行う必要があります。一般的な職場では出退勤の記録は当たり前ですが，医師は行っていない場合が多いです。特権意識がもしあるとしたら捨てるべきです。

　これまで，時間を超過して働くこととヒーロー・ヒロイン感覚はほぼ同義でした。しかし，長く働くことと，ヒーロー・ヒロインであることとは関係ありません。むしろ，持続可能なかたちで限られた時間でいかに効率よく効果的に働く人がヒーロー・ヒロインです。量より質です。医療スタッフに経営知識が必要なのは，勘違いのヒーロー・ヒロイン感覚がいかに不合理であるかを理解するためでもあります。

　医療は人間の生命を預かる仕事なので，時間が来たら今日はここまで，という

わけにいきません。応召義務の問題もあります。しかし複数の医療スタッフでうまく分担すればよい話です。その辺の融通が働き方改革です。経営者やマネジメントの責務です。

　医療スタッフは，高い専門性に見合う報酬は得るべきです。これまでの経営者はコストを下げることだけを考えてきました。しかし，生産性を上げ，付加価値を増やしていくべきです。生産性を上げていくには，医療資源を最適に配分しつつ，優れた人材を集め，人材に投資しなければなりません。同時に設備投資を進め，生産性を上げていきます。生産性を上げていけば，給与も上昇して，人材を多く集め，他を凌駕できます。得意分野には重点的に積極的に人材確保ができます。それが比較優位の成果です。得意分野に特化することになります。働き方改革について未来病院で重要なのは給与の増加もです。

　未来病院ではコンプライアンスは重視されます。36協定の自己点検も医師の働き方改革における重要なポイントです。

　持続的な経済成長を実現するには，女性・高齢者の労働参加も必要です。

> ● **Key word**　36協定
> 労働基準法36条に定められている「時間外労働・休日労働に関する協定」。

> ● **Key word**　2024年問題
> 2024年4月1日以降，建設，運輸，医療に対して例外的に認められていた時間外労働の上限規制の猶予が終了することから発生する諸問題。

5　使命感を空回りさせた経営

　今回のコロナ禍は，わが国医療の根本的な課題を多くあぶりだしました。コロナ禍に対し，わが国医療が十分に機能したかと問われれば微妙です。その理由に本質的な課題が隠されていたのです。

　端的にいうと，医療スタッフはがんばっていたのですが，肝心の経営者による診療報酬や補助金とその活用などが必ずしも十分適切とはいえず残念でした。結果として，多くの助けられる命が失われました。使命感だけではなく，経営力が現実の医療にとって必須であることをあらためて突きつけられました。

（1） これまでの日本の経営者

　未来病院のこれからの経営者は，地域でも院内でもフラットに交渉ができ，役割分担ができる人です。将来の大きな流れを見通し，人材をうまく配置して能力を引き出し，たとえば，診療報酬をよりうまく活用するセンスがある人です。

　医療スタッフは，使命感で働く部分が大きいです。そのため，ときどき経営上の齟齬も生じるのですが，その使命感をコントロールしながら高め，収益を増加させていくのも病院特有の経営者の責務です。

　使命感が診療報酬に結びつかないと経営的には使命感も空回りするだけです。空回りとなったら医療スタッフへの給与が十分払えなくなります。経営が成り立たなくなったら，医療スタッフの居場所さえなくなります。わが国の医療は民間事業が多いです。利益を確保していかなければ事業が継続しません。

　コロナ禍では，医療スタッフの使命感による，自己犠牲がクローズアップされました。メディアが煽ったところもあります。一方で，補助金が厚く手当てされ，診療報酬に特例措置が取られました。ここで期待されたのは経営者の手腕です。

　にもかかわらず，コロナ禍では，入院できずに在宅で亡くなる方が相い次ぐなど，わが国の医療は十分に機能しませんでした。

　一言でいうと，病院経営者が人もお金も上手く使えなかったということです。

（2） 組織の性格の転換

　組織でないと大きな仕事ができないというのは近代社会の常識になっています。ただ，組織に属することは組織の歯車になるようなもので，それを嫌い自営業を選択する人も少なくありませんでした。しかし，それはマイクロマネジメントの組織での話です。これからは，組織の中に属しつつ，自営業のような自由度が得られるような働き方ができる組織が出てきています。それがミッション・コマンド組織です。

　ミッション達成に向け効率的・効果的に組織を運用するのがマネジメントです。民間企業では最大利益がミッションの共通項・基盤になります。

　未来病院は患者とその家族の安心がミッションになります。それは特に現場の医療スタッフの使命感と結びついています。非営利組織だからです。ただ，非営利組織だからといって最大利益の追求を放棄していいわけではありません。未来病院の経営者はミッションを前提に最大利益を実現します。未来病院では，現場のスタッフも経営感覚を持ちます。ミッション・コマンド組織だからです。

これまでの日本型マイクロマネジメント組織では，管理が優先され，効率性や生産性は後回しにされました。マイクロマネジメントがマネジメントと信仰されてきました。

　コロナ禍が病院経営を変えるきっかけをもたらしました。

（3）　診療報酬の知識

　経営者が現場の使命感を診療報酬に結びつけるためには，診療報酬と現場で行われている診療を細かく把握しなければいけません。特殊な能力です。経営者は専門家なのです。日本の診療報酬は低すぎるばかりか，患者本位に設計されていないことにも留意が必要です。

　当然のことながら，どのような診療がこれから必要になるのか，どの程度必要とされてくるのかなどについても把握することが求められます。それによって，診療報酬に最もふさわしい形で現場の人や設備を配置していけます。十分適切な能力があって市場と現場についてマッチングを図っていかなければならないのです。

　これは通常の企業でも同じで，マーケット予測，それに対応した営業や現場の体制，それから売上増加です。特に難しいのは医療の場合，診療報酬という価格の体系が非常に複雑だということです。その点，病院の経営者はかなり特殊な能力を求められています。

　たとえば，コロナ禍とはいえ，事業を継続していくためには利益をしっかり上げていかなければならないわけです。コロナ禍においては，診療報酬もそうですが，補助金の活用という点で，価格体系や売上の構造がかなり複雑で変動しました。一方で，コロナの患者の急増や変動について，ある程度事前設定していかなければならないという状況でした。つまり，売上をしっかり上げながらコロナに対応するという責務を果たしていかなければならなかったのです。そのために，現場の人や設備をどのように配置するのかということについて，速やかに決定していかなければならない状況にありました。その中で特に重要になったのは情報です。情報はバロメータとパラメータの側面があります。バロメータは，たとえば予期する患者の数とか，診療報酬の動向などです。そういったバロメータの動きに対して，現場の体制をどう整えるのかというのが情報のパラメータの側面です。

6　在宅医療の体制不備

わが国の在宅医療は欧米に比べ遅れています。欧米は在宅医療中心で，わが国は入院医療中心です。

入院医療は戦争や高度成長の時代の名残りという側面を持ちます。治してまた現場に戻すということです。治すには病院はもっとも効率の良い場所でした。

コロナ禍ではわが国の在宅医療の不備が露呈しました。在宅で医療を受けられず亡くなる方が多く出ました。入院できなかったという批判もありますが，そもそも在宅医療が未発達であったことが大きかったわけです。

わが国では，戦争や経済成長の過程で，戦力や労働力を維持する側面が強く病院での治療が大きな部分を占めるようになりました。たしかに，そのような治療は入院という形態をとったほうが効率的です。しかし，いまや時代は超高齢社会です。そもそも，急性期以外の患者や，手術などを必要としない疾病などは在宅で治療・療養したほうが社会的コストは低いわけです。医療経済の役割分担を突き詰めれば，在宅医療の重要性が明確になってきます。コロナのような感染症の療養環境として在宅はある意味理想的でした。

在宅医療の普及を阻害する最大の原因は上記のような歴史を踏まえて在宅医療の資源がまだ集積していないことがあります。そのため，サービス提供量を増やすことや効率化することが遅れています。たとえば，24時間体制の構築などができていない事実もあります。クリニックのかなり多くが医師1人体制で診療しています。

２ 日本型マネジメント組織の限界

コロナ禍は人災の側面があるといわれます。人災の多くが組織によるものです。コロナ禍は組織のあり方を考え直す機会になりました。特に病院の組織の課題が顕在化しました。

日本の組織は，これまで日本で一般的だったマイクロマネジメントの組織です。こうした日本型マイクロマネジメント組織はコロナ禍前から一般の企業でも古い体質として改善されるようになってきていましたが，病院でもコロナ禍でその不合理性が特に明らかになったのです。

コロナウイルスがアメリカ・ニューヨークを襲い始めたとき，マンハッタンの病院の救急で，責任者が短いミーティングを行いました。

「これから大変だと思う。できるだけサポートするから，なんでもいってくれ」

そもそも，欧米の病院はフラットな感じがします。

日本は，濃淡はあるものの，儒教の影響や旧日本軍の軍隊のようなテイストが組織に残っているのではないでしょうか。これがグローバルスタンダードだと思ったら大間違いです。私の知るかぎり，欧米の会社や病院では，役割分担がはっきりしていて，互いに相手をリスペクトして相手の領域には口を出さないのが普通です。ミーティングなどはあまりありません。マネージャーも専門職の１つです。

太平洋戦争に日本が負けたのは経済力ではなく，組織力の差だったのではないでしょうか。

1　エンゲージメントは必要か

エンゲージメントが要らない組織を目指すのが経営の王道です。エンゲージメントといい出した途端，組織に問題があるのです。

（1）　予定調和にならない

日本型マイクロマネジメント組織ではエンゲージメントが問われます。日本型マイクロマネジメント組織では，エンパワーメントにエンゲージメントは不可欠といわれます。組織へのロイヤリティのようなものが求められるのです。監視や訓示のようなものが必要で，密告や同調圧力のようなものが利用されます。そのためエンパワーメントはつねに達成されません。達成しようとマイクロマネジメントを強めますが，そもそも無理なのです。

> ●**Key word**　エンパワーメント（empowerment）
> 組織を構成する１人ひとりが本来持っている能力を発揮すること。

一方，ミッション・コマンド組織のエンパワーメントにはエンゲージメントは必要ありません。それぞれが相対的に得意なことに特化し役割を分担して，予定調和としてチームが組成され，自主的に最大限実力を発揮します。組織ですが，上司はいません。あえていうなら自分自身が上司です。

ミッション・コマンド組織にエンゲージメントが要らないのは予定調和だからです。

そもそも，資源の最適配分は予定調和です。誰に指示されることなく，自由に

行動することによってのみ達成される予定調和です。大方の予想したとおりに物事が進んで（途中にイレギュラーな事態が発生したとしても結局は当初の筋書き通りに軌道修正して）意外性のない予想どおりの結末に落ち着きます。

（2） ミッションは達成されたか

マイクロマネジメント組織ではスキルとかチャレンジといった特有の用語が特に使われます。それ自体をビジネスにしている人たちもいます。マイクロマネジメント組織ではそうした言葉さえもう機能しないのです。言葉がよくないのではありません。しょせん，社員を歯車としかみていないからです。

欧米のヒューマンリソースは個々の人がどのような能力を持っているかを徹底的に調べて，仕事にアサインします。個人は等身大で人事と話します。職場の上司の意向などそもそも存在しません。スキルは人にいわれて向上させるものではありません。能力もないのにチャレンジされても迷惑です。

ミッション・コマンド組織には余計な評価は無用です。ミッションを達成したかどうかです。社員を歯車の1つとして無作法に評価して理不尽に人生を変える組織ではありません。上司の好き嫌いのような評価が先行するマイクロマネジメント組織とは対局で，人を忖度なしにそのまま受け入れます。

わが国は，長い間，終身雇用・年功序列を基本としてきました。しかし，ここ20年ほどの間に大きな変化が起き，成果主義的な要素が強くなってきました。人材育成においても，長期的な能力開発よりも，すぐに業績成果に結びつくようなものが重視されるようになっています。この時点で，マイクロマネジメント組織は限界でした。

このような変化は働く人の会社に対する意識も変えることになりました。より良い待遇や環境を求めて転職することに，以前のような抵抗感がなくなったのです。しかし，マイクロマネジメント組織は談合組織です。新参者を排除しようとします。談合もエンゲージメントです。

4月になると毎年，有名大会社の入社式の様子がテレビなどで報道されます。そのようなものを毎年ニュースにするテレビ局もどうかと思いますが，その大がかりな力の入れようを見て一種の気持ち悪ささえ感じるのは私だけでしょうか。小さな会社のもっとシンプルなセレモニーのほうが印象がよいです。大げさな演出の入社式は会社の自己満足で，最近の新入社員にとってみたら迷惑で時間の無駄です。マイクロマネジメントの匂いが立ち込めているわけです。マイクロマネ

ジメント組織で立ち回るのがうまいだけでトップになった経営者はそういうことになかなか気がつけないのです。

マイクロマネジメント組織のエンゲージメントは効率性や生産性だけでなくイノベーションも妨げています。エンゲージメントではPDCAが行われ，評価という賞罰につなげます。罰をおそれ，PDCAに勤しみます。そこには自由な発想などありません。世の中は複雑系ですから直観的な発想がすべてです。形骸化したPDCAは発想の抑圧剤です。病院経営では特にそうです。コロナ禍のようなはじめての経験にエンゲージメントは無力でした。

（3）　専門職の集団には無用

病院は専門職の集団です。それぞれのシーンでそれぞれが専門性を発揮します。そのバランスをセットして生産性を最大にするのが経営者です。経営者もそういう専門家の1人です。

組織に対するエンゲージメントは必要ありません。それぞれの役割を果たせばそれでよいのです。エンゲージメントを求めること自体，必要ないですし，滑稽にも見えます。

しかし，現実はそうではないのでエンゲージメントが語られます。エンゲージメントが必要とされればされるほどその組織はダメ組織です。

そういう組織は個性や才能を潰します。専門性を無駄遣いします。経営者は，自分の思うとおりに歯車のように動く者しか評価しません。

欧米の病院，特にERの様子を見ていると，不思議なことに，誰が医師なのかわからないことがあります。役割分担がはっきりしていて，お互い尊重・信頼していて，他の領域には口を出さないし，上下関係みたいなものも感じられません。全体を見て，状況を伝える役割のような人はいますが，全体をいわゆるマネジメントしているようには見えません。

私は，ここに新しい組織のあり方を見たような気がします。組織である以上，責任者はいます。しかし，責任者は責任者という1つの専門職にすぎません。上下関係が感じられないのです。いわゆるリーダーが不要なのです。

そのようないわゆるリーダー不要組織では，エンゲージメントを語ってもあまり意味がありません。人材や設備を効率よく用いながら，専門知識を発揮させる役割分担が重要であって，エンゲージメントという視点がありません。

2　役割分担や個性の活用ができていない

　これまでの組織というものに漠然とした違和感を抱き始めている人が病院でも増えています。日本のマイクロマネジメント組織がスタッフ・社員を歯車としてしか見てこなかったからです。歯車は，ここでいう「役割分担」ではありません。歯車には比較優位も多様性も得意技も強みも個性も要りません。むしろ邪魔です。ただ円滑に回ることしか評価されないのです。

　本来，組織の中の個人というのはもっと自由であるべきです。もちろん，組織に属さないほうがまったく自由ですが，同じくらい自由であるべきです。組織に属する理由は，1人ではできない仕事があるからです。病院はまさにそういう組織です。

（1）　日本の組織は世界の非常識

　日本の会社に就職して一生を終えるような状況では，これまでの日本の組織がいかに異常であるかということがわかりません。世界的に見てこれまでの日本型マイクロマネジメント組織は極めて非常識です。コロナ禍ではこの日本の組織の異常さを認識できました。コロナ禍という世界共通の感染症が発生したからです。コロナに対して組織がどのように取り組んだのかということを国内外で比較をすることができたからです。「昭和の出世すごろく」に海外の人は苦笑します。理解できないのです。

　日本では人心浮薄が当たり前なので，コロナ禍が終了すると何事もなかったかのようにまた組織の歯車が回り始めています。検証とか反省とかはほとんど見られません。ただ，客観的に物事を見れる人にはやはり，日本の組織がコロナ禍に対して十分適切に機能しなかったことについて認識をしているはずです。

　そもそもマイクロマネジメント組織というものに強い違和感を感じてきました。特に日本のマイクロマネジメント組織はひどい。このような組織で，才能の芽を潰され，命さえ奪われた人々に思いを馳せると心が痛みます。経営者もろくな人がいない（オーナー経営者は別格です）。

　欧米の組織は基本的にミッション・コマンドです。病院の救急の現場で，ミッション・コマンドは大きく機能しました。救急の現場では，役割分担が明確で，患者が運び込まれると，ほとんど無言のまま処置が淡々と進められます。その都度，医師の指示など飛ばないのです。それでは，普段からコミュニケーションがあるかというとそうでもありません。コミュニケーションは時間の無駄というよ

り，ミッションを達成するのに妨げになるともいわれています。

その前提になるには，詳細な役割分担が，さまざまなケースを想定して事前に組まれているからです。ベッドサイドで立つ位置など詳細に決められています。

コロナ禍におけるわが国の役割分担の不備は，地域の救急において致命的でした。

（2） 自主性は歯車の邪魔

ミッション・コマンド組織では自主性が重要になります。知識や情報をもとに自主的に行動して成果を出すミッション・コマンド型の人材が必要とされます。個性や得意技（多様性，比較優位）を活用して役割分担をアサインして，全体の効率性・生産性を上げます。自主的に行動して，比較優位のある自分の能力を最大限に発揮するということです。

日本はかつてマイクロマネジメント組織で高度成長を成し遂げました。規格どおりの歯車として全体を乱さずただ円滑に動くことが重要で，個性とか得意技とかも否定されました。

しかし，ミッション・コマンド組織では，1人ひとりが情報を収集し組織のなかのエグゼクティブとして自主積極的に行動し，能力を発揮しなければならないのです。

病院は，特に医師の自主性は比較的尊重されてきました。しかし，基本的にマイクロマネジメント組織でした。現在の診療報酬などの制度は，要件が重層的でマイクロマネジメント向きです。しかし，病院では，1人ひとりが自主積極的に動け，能力を最大限に発揮できるミッション・コマンド型がもともと向いています。複雑系に対峙する専門職の集団だからです。

（3） 他人の領域に口を出す

ミッション・コマンド組織では，各人が自らのミッションの達成のため，自らの能力を最大限発揮することに注力します。そのため，他人の領域に口を出し，邪魔をしません。相互に信頼しているのです。

他人がやるべき仕事に手を出したりする者が出てくると，組織の全体最適や役割分担が崩れてしまいかねないのです。同僚が勝手に動いたことによってかえって混乱したら，組織全体としては損失になるのです。

その意味で，リーダーシップは組織の全員が持つべきです。そのうえで，お互

いの信頼と尊敬です。

　情報共有とか，うっかり他の人の領域に踏み込んでは混乱を招きます。人間はもともと仲がよくないのです。人間関係が悪くなるほうが組織を壊します。そもそも価値観の異なる人々の間で価値観をすり合わせようとしても時間のムダです。

（4）　ホウレンソウは必要か

　マイクロマネジメントとは，上司が部下の仕事を細かく監督する，信頼して仕事を振り当てることに抵抗がある，部下が完了した仕事をやり直すなど，部下の仕事に過度に関与することです。

　マイクロマネジメントを行う理由としては，部下の結果に対して責任を取らされる恐怖などが挙げられます。部下以外の同僚は基本的に競争相手に見えるので，組織全体でマイナス思考になります。所属への帰属意識が強く，他部署との連携が希薄になります。病院で部署間の連携がよくないとしたら，この原因によるものと思われます。

　部下を持たなければよいのですが，マイクロマネジメント組織では，部下を持たないとマネジメント能力がない人として否定的に扱われます。

　コロナ禍ではマイクロマネジメント型経営に限界が出てきたのです。

　日本で従来から行われてきたのは，独特なマイクロマネジメントです。これを日本ではマネジメントと勘違いしてきました。欧米のマネジメントとは異なります。ここでは，欧米のマネジメントはミッション・コマンドです。

　私は欧米の会社で仕事をしたことがありますが，日本ほどマネジメントという言葉を曲解してよく使う国はありません。

　マネジメントを部下の管理と勘違いしています。上司と部下は管理者と被管理者です。被管理者が不祥事を起こせばかなりの確率で管理者も責任を取って辞めます。被管理者に自由はありません。経営者にとって部下は基本的に歯車です。

　マイクロマネジメント組織は，ホウレンソウに代表されるピラミッド型の管理組織です。「報告・連絡・相談」，いわゆる「ホウレンソウ」は，新人に必ず身につけてもらいたいビジネススキルの1つとされます。ホウレンソウは，部下が歯車として忠実に回転していくために必須のコミュニケーションとされます。ホウレンソウなどと朝礼などで口うるさい上司はだいたいマイクロマネジメントです。

● **Key word**　ホウレンソウ
30年以上前に誕生したビジネス用語で,「報告・連絡・相談」の頭文字。

　日本型マイクロマネジメント組織では,忙しいふりをして予定表を細かく書き込んだり,結果を要領よく報告すれば仕事をしているように評価されます。会社に来て真面目そうに座っていたり,会議に出ていれば,仕事をしていることになります。そうやって,現実から遊離し,立ち回りが上手い人間がやがて経営者になり,役に立たない経営をします。しかし,国際的には実際には,会社や会議におらず,予定に空白が多い人ほど現場（現実）をよく見て歩いています。真実は現場にしかありません。予定外にいろいろ見たり,話をするほうが大きな価値があります。現場を見ることなどは,そもそも予定を組めるはずがありません。

　ミッション・コマンド型経営では,ホウレンソウとかコミュニケーションとかはどうでもよいことです。

（5）　自己犠牲やファインプレーが讃えられる

　ミッションマネジメント組織で最も重要なのは各人へのミッションの付与です。経営者やマネージャーはメンバーに各人のミッションを付与する専門家です。そのための経験も知識も豊かで判断力が優れていることが前提です。

　各ミッションは達成されることが重要であって,個人の能力が無駄なく最大限発揮されることが期待されます。資源にムダが生じないようにして,多様性（比較優位）で生産性を上げていくように役割分担が細かく設定されます。個性はむしろ活かされます。そのなかで,イノベーションも生まれます。

　ミッション・コマンドは最大効果を生む予定調和のようなものです。

● **Key word**　予定調和（preestablished harmony）
ドイツの哲学者ライプニッツの形而上学的根本原理の1つ。実体概念であるモナドは相互に影響し合うことはなく,因果関係は見せかけにすぎない。モナドの変化の過程を,あたかも直接的相互関係があるかのように支配している原理。

　これは自由な活動が資源の最適配分を実現することです。ミッション付与さえはっきり的確に行っておけば,あとは自由に専門能力を発揮すれば予定調和するということです。利益追求を前提にしているので,付加価値もさらに増えて,最終的な効用も最大になります。

病院はミッション・コマンド組織に向いています。判断と行動の速さが重要だからです。医療スタッフは国家資格の専門家で，自主性が高いです。複雑系に対峙するため，直観で対峙します。

ミッション・コマンド組織ではエンゲージメントは不要です。各ミッションを達成することだけが重要であって，組織全体への忠誠心のようなものは必要ありません。互いの専門性を尊重して信頼が前提なので，互いの領域に踏み込む必要もありません。情報共有もコミュニケーションも必要最低限になります。

自然体でできるだけ自由に能力を発揮し，ミッションを達成することが重要であって，ファインプレーは期待しません。自己犠牲も求めません。

日本型マイクロマネジメント組織では，個人は歯車なので，個性は抑圧され，組織への忠誠のようなものが要求され，自己犠牲やファインプレーが讃えられます。歴史的に見て，その象徴的な例は旧日本軍の特攻隊の自殺攻撃です。組織が個人に死を命じて歯車にするのです。それを煽っていたメディアや学者はいまも変わっていません。

3　自己満足PDCAの発想抑圧

未来病院の経営ではPDCAなどに過度に依存しません。

PDCAのほかにも，いくつかサイクルのフレームワークがあります。ここでいうPDCAなど（以下「PDCA」といいます）は経営のフレームワークです。がん診療や看護過程などでの有用性を否定するものではありません。

複雑系に対峙するため，こうしたフレームワークに過度にしばられず，過去に関係なしに現時点の生の情報で直観的に判断することを重視するということです。

こうしたフレームワークは，これまでの日本型マイクロマネジメント組織では，社員を歯車のように管理するツールとして使われてきました。PDCA自体が目的になっていることが多かったです。自己満足になっているだけでした。

類似しているものにクリニカルパスがあります。臨床面での有用性を否定するものではありません。経営管理に使おうとしたとき問題は発生します。人間の身体は複雑系です。ごく短期の限定された条件で予測は可能です。それでもバリアンスは生じます。

複雑系は，未来予測は困難で不確実性が高いのでPDCAはうまく機能しません。PDCAは過去の成果や経験に基づいて予測し，次のアクションを考える性質があるためです。

病院経営は，状況によって柔軟な対応を求められることがあります。入念に検討して決定した決断が，内外情勢の急激な変化により，次の日には誤った判断となりうるのです。

マイクロマネジメント組織では，社員の管理がPDCAサイクルに大きく依存しています。ここの社員にはよいことはありません。計画変更への対応に時間がかかり，外部環境に対して柔軟な対応を取れないケースも多く見受けられます。そうした体質がときに経営にも大きな損失をもたらします。

複雑系に対峙する現実の経営では特に，バリアンスとかアウトライヤーばかりです。

そのような経営ではPDCAは発想を抑圧します。イノベーションには向きません。

複雑系は直観で判断するしかありません。パンデミックとか何十年に1回のような出来事に対してはPDCAでは対応できません。直観的確率で判断するしかないのです。

マルコフ過程を使用するしかありません。現在だけを見て，過去や理論，分析，先入観，偏見などを捨て，ただシンプルな法則が繰り返されることだけを直観的に感じるしかないのです。

宇宙のしくみがほとんどわかっていないように，人間の病気をめぐる経営のメカニズムもまだわからないことも多いのです。

> ● **Key word**　PDCA
> Plan（計画），Do（実行），Check（測定・評価），Action（対策・改善）の仮説・検証型プロセスを循環させ，マネジメントの品質を高める方法。

> ● **Key word**　クリニカルパス
> 医療の内容を評価・改善し，より質の高い医療を患者に提供することを目的として入院から退院までの治療・検査のスケジュールを時間軸に沿い記述した計画表。

> ● **Key word**　バリアンス
> 相違，不一致。クリニカルパスにおいては，アウトカムが達成されない状態。

> ●**Key word**　アウトライヤー
>
> 外れ値。他の値から大きく外れた値。ミス等に起因する異常値とは概念的に異なる。

> ●**Key word**　マルコフ過程
>
> 過去は未来に関係なく，現在のみによって決まるとの考え方。

4　世界的にも低い賃金

図表2－4　OECD加盟国の労働生産性（2020年）

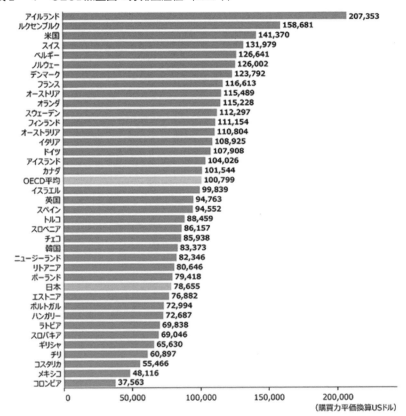

資料：日本生産性本部「労働生産性の国際比較2021」
　（注）1.全体の労働生産性は、GDP/就業者数として計算し、購買力平価（PPP）によりUSドル換算している。
　　　2.計測に必要な各種データにはOECDの統計データを中心に各国統計局等のデータが補完的に用いられている。
（出典）　https://www.chusho.meti.go.jp/pamflet/hakusyo/2022/chusho/b1_1_6.html

（1） 残念な経営者への期待

　わが国の医療スタッフの給与は世界的に見て決して高い水準とはいえません。現代社会にこのような明治初頭の製糸工場を描いた「あゝ野麦峠」のような光景があるとは驚きです。そのことに平然としているとしたら旧来の経営層（オーナーは別格）の神経はさすがです。さぞかしマイクロマネジメントは賢明に違いありません。スタッフの忍耐力も世界一かもしれません。

　この医療スタッフの給与が日本経済全体の給与水準につながっています。日本経済における医療やその関連事業者の割合は相当大きくなっているからです。

図表2－5　国民医療費，対国内総生産比率の年次推移

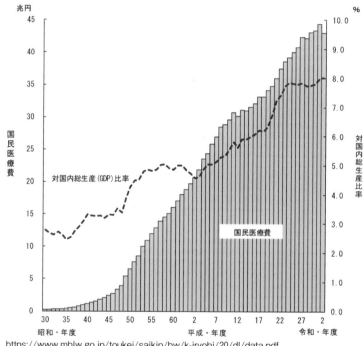

（出典）　https://www.mhlw.go.jp/toukei/saikin/hw/k-iryohi/20/dl/data.pdf

　これまでの日本のマイクロマネジメント組織は決して居心地がよいとはいえないのですが，それにもまして給与が低いのは困ったものです。

　日本経済全体で給与が低すぎるのです。なぜか。給与を決めるのは経営者です。

　給与を下げることだけを日々考えているような経営者はコスト抑制ばかりに目

が行き，生産性向上への意思をあまり持っていないのです。足し算・引き算はできても掛け算・割り算は苦手なのかもしれません。

そうした経営者は，付加価値が増えても人や資本に分配せず，内部留保を増やします。設備投資に回すわけではありません。生産性が上がったりすることはあまり期待していないからです。

こうした経営者は日本古来のマイクロマネジメント組織での成功者です。そういう組織でうまく立ち回る才能を発揮した人です。本来，経営者に必要な資質を持っているとは限りません。そういう意味では，オーナー経営者は別格です。

もちろん，給与が低いのはいろいろ外部の環境があります。しかし，そういう環境を前提として経営するのが経営者です。

病院でもそれは“然り”です。一般の企業と比べ，制約は多いですが，逆に保証されているところもあって危機感がなく，余裕なのです。

（2） スタッフは経営感覚が必要

医療スタッフの給与が低すぎる原因には，交渉しようとしないということもあります。スタッフにも経営感覚が必要なのです。少なくとも会計と原価がわかっていないのでは話が進みません。

超高齢社会で病院のミッションが患者とその家族の安心に変わりました。これまで以上に社会課題の解決に向け，持続可能性に気を配らないといけません。正当な報酬を得ないと続かないのです。

日本全体で，給与が上がらないのに，消費税率は上げられ，公的保険料なども高くなり，追い打ちをかけるようにここ最近では物価も上がっています。生活は苦しくなる一方です。

そんな状況なのに，大半の医療スタッフは，給与を上げるための交渉をするわけでもなく，ひたすら真面目に働き続けています。なぜ日本の医療スタッフはひたすら我慢をし続けるのでしょうか。ロンドンでストをやっている看護師にとっては謎でしかありません。

そのような我慢はやがて生産性を下げるだけです。生産性が低いからわが国の医療スタッフの給与は国際的に低いのです。

一方で，現場の医療スタッフが経営感覚を持つということは，医療とはいえサービス業であるという感覚を持つべきだということです。たとえば，最近では病院やクリニックでは受付や会計が機械で行われたりします。バーコードが上手く

読み込めない患者さんがいました。受付に聞いても嫌そうに，そこに書いてある
でしょ！というような顔をされます。これが料理店などでしたら，店員が出て来
て笑顔で手伝ってくれます。未来病院のミッションは"安心"ですので，まずは態
度から変えるべきです。

（3） 給与の決まり方を知る

　給与がどのように決まるのかということについて整理します。そのメカニズム
を知ることで自分の働き方の理解も進むわけです。

　未来病院のミッションは社会課題と広く結びついており，社会に対して持続性
が求められるので，正当な給与の水準など経営知識が必要になってきます。一般
に，病院の経営者は，実質給与（物価を考慮）に基づいて医療スタッフの需要を
決めます。一方，医療スタッフは，交渉に臨むにしても名目給与（給与明細の数
字）に基づいて労働の供給を決めます。本来，実質で判断すべきところ，忙しい
のか，経営知識が不足しているのか，錯覚して名目で判断しています。これは一
般企業でも基本的に同じですが，病院では顕著な傾向が見られます。

　名目給与には硬直性があって，たとえば同じ名目給与でも，需要があれば際限
なく労働を供給することになりがちです。したがって，名目給与は変わらないも
のの，経営者の意向によって労働の供給量も決まってくるということになります。

　問題は，名目給与がどのように決められるかということです。労働の供給が名
目給与に基づくということは，給与がマーケットから切り離されたかたちで決ま
っているということになります。しかも硬直性があるのです。そのため，給与は，
実際に実質給与で労働の需要量を決めている経営者によって設定されていること
になります。インフレになっても給与を上げる必然性はもともとないのです。政
府はもとより日銀にいわれる筋合いはないのです。

　経営者はできるだけ低賃金で労働力を確保しようとします。これは経済の原理
です。病院の経営者にも当然，この原理はあります。

　医療経済学的には，病院では，人手不足になってもこの傾向は続きます。病院
は非営利組織なので，現場と経営者の役割が基本的に違います。旧来の病院経営
では，現場の使命と経営者の目的が分離していました。現場は献身的なので，ど
うしても自己犠牲に走る可能性があります。現実の医療は，使命感によって特に
支えられています。経営者はそれを利益に結びつける責務を負っていますが，収
支を優先するあまり，そうした自己犠牲を増進するかもしれません。

　しかし，超高齢社会でミッションが"安心"に移行して，社会性や持続可能性が求められるなか，医療スタッフも経営感覚を持ち，経営者もミッションを前提にした利益追求が必要になりました。

　給与については効率性・生産性向上で上げて行かないと生き残れないのです。

　特に物価が上昇しているようなときは，それに合わせて名目賃金も上げていくということが経営者には求められます。

　しかし，経営者は経営者です。そこで医療スタッフが経営感覚をつける必要があるのです。

（4）　ケインズはかく語りき

　給与はどう決まるのかという点については，近代ではケインズの理論が用いられることがほとんどです。

　ケインズは古典派の第二公準を否定しました。この公準に立脚する限りでは説明できない非自発的失業という現象を明らかにしました。第二公準を否定するとは，働きたいと思っても働けない人がでてくるということです。給料が高いとか低いではなく，仕事がないのです。これは貨幣錯覚や賃金の下方硬直性の結果でもあります。

　古典派では実質賃金が変動し，調整の過程における摩擦的失業，労働者の希望する実質賃金の高どまりによる自発的失業以外の失業はありえないわけです。

●Key word　　古典派第一公準

企業の利益が最大化されるとき，実質賃金は労働の限界生産物に等しい。その状態まで企業は雇用量を増やす。

- ●利益＝(生産物価格 X 生産(＝ 供給量)) − (名目賃金 X 雇用量)
- ●実質賃金＝名目賃金／物価
- ●労働の限界生産物 ＝ 生産 (＝ 供給)量の増加／雇用量の増加 (１単位当たり)

●Key word　　古典派第二公準

労働者の余剰効用が最大化されるとき，実質賃金は労働の限界不効用に等しい。その状況まで労働者は労働を増やす。

> ● **Key word**　有効需要
> 金銭の裏付けのある需要。有効需要＝消費＋投資＋政府支出＋（輸出－輸入）。

> ● **Key word**　有効需要の原理
> 有効需要が経済活動の水準（国民所得や雇用量）を決めるという原理。

> ● **Key word**　非自発的失業
> 有効需要の変動によって生じる失業。

> ● **Key word**　貨幣錯覚
> 物価の変動により貨幣価値が変化し，実質的な価値が変わったにもかかわらず，名目上の貨幣表示額のみをとらえて，実質的価値の変化に気がつかない状態。

> ● **Key word**　賃金の下方硬直性
> 賃金による労働の需給調整のバランスが崩れ，労働者の賃金が一定以下に低下しない状態。このため失業が発生。

　ケインズは，私たちが得た給与の一部を貯蓄するという法則を前提にしています。常に貯蓄＝投資とは限らないので，消費や投資などで構成されるお金に裏付けされた総需要（貨幣量）は，生産された総供給（商品量）と一致するとは限りません。だから，景気過熱とか不況とかが生じるということです。つまりセイの法則を否定したのです。

　不況になると失業が増えます。景気過熱になるとインフレが加速します。

> ● **Key word**　セイの法則
> 供給が需要を創出するという法則。生産・供給されたモノやサービスはそれ自体が新たな需要すなわち消費を生み出すという原理。

　医療経済学では，医療スタッフの経営への関心の低さから，名目給与の上方硬直性が目立ちます。現状では人手不足が深刻ですが，インフレでも給与はあまり上がりません。

　サービス価格が診療報酬という公定価格で基本的に固定されています。診療報酬とは関係なく需要が発生しているので，人手不足か失業は生じます。需給がア

ンバランスになってもすぐには診療報酬は動かず，もっぱら供給量の調整によります。診療報酬が変わらないので，給与も変わりにくいです。

長期的には診療報酬も調整される可能性もあります。需要は診療報酬が変わっても変動しません。診療報酬で採算がとれなければ，需要超過でも供給は増えません。アンメットが生じます。供給超過では，生き残りをかけた競争が激化し，縮小・撤退も生じます。

DPCなどでは特に包括的にサービス価格が固定されているので，収支に目が行き，生産性向上は後回しになります。給与は抑制され続けて上がりません。比較優位があっても，地域の労働市場が非効率で給与は低迷します。

もっとも，今後は特に効率化や機能分化が進められるので，最終的に生き残る病院は，医療資源を最適に配分し，比較優位を活かし得意分野に特化したところです。

ちなみに，医療をマーケットメカニズムに任せたとしましょう。有効需要とは異なり，ほとんど価格に関係なく需要が発生するので，価格は無限に上昇する可能性があります。需要超過では拡大や参入により供給を増やしながら，価格も上げていきます。払えない人も出てきます。供給超過の場合は競争により，縮小や撤退により供給を減らしますが，価格は下がりにくいです。

（5） 給料が上がらない理由

過去30年間，横ばいが続いていた日本人の給与はもはや世界の謎です。

いまの日本の医療スタッフの給与は，そのまじめさや能力にふさわしい水準ではありません。低水準の給与でも我慢して働いている，その忍耐によっていまの病院はどうにか成り立っています。でもそれは今後，長続きしません。

欧米では社員は四六時中，自分の給与を上げるために会社に対して何らかの働きかけをしています。転職ももともと当たり前です。会社が決めた金額の給与を従順に受け入れ続ける社員は見たことがありません。病院も同じです。

近代経済学では給与は自ら交渉しないと上がらないとされています。仕事の需要（労働の供給）はほとんどの場合，給与に関係なく決まります。ほとんどの人は低い給与で働いているので，生活費や住宅ローン，教育費などが足らず，目いっぱい働きます。給与は会社が決めます。足りるか足りないかは会社の知るところではありません。一般的には，最大利益を目指して会社はできるだけ給与を下げ，できるだけ優秀な人材をより多く確保しようとします。このように下げる圧

力が続くので，最低賃金が重要になります。

　生産性が高い会社は給与を上げることも可能ですが，安く人材を得られるなら，あえて給与を上げません。その場合，製品やサービスの価格を下げ，価格競争に勝てるし，設備投資に回すこともできます。もっとも，人手不足のときや，人材投資を行うところが増えたときには，労働マーケットの競争が激しくなります。

　病院では，サービス価格の競争がないので，もっぱら給与に差をつけて人材の確保に注力するはずです。比較優位のある生産性の高いサービスに特化し，競争に勝つことができます。ところが実際はそうではありません。DPCによる目先の収支や利益の確保に奔走し，高い生産性を活かそうとはしません。地域の労働市場が非効率で給与は低迷しているので，低い相場になります。低い給与で採用がなされます。結果的に構造上，サービスはもとより生産要素である労働についても競争がなければ，効率性・生産性の低い病院が共存します。

　しかし，これからは未来病院しか生き残れないことが明らかになってきています。もともと独立性が高く直観力の優れた病院経営者の活躍のステージです。一般の企業でもそうですが，日本型マイクロマネジメントに染まっていない，たとえばオーナー経営者に期待したいです。

図表2－6　「賃上げ・人材活性化・労働市場強化」雇用・労働総合政策パッケージ

（出典）　https://www.mhlw.go.jp/content/11601000/001010439.pdf

158

「賃上げ・人材活性化・労働市場強化」は未来病院しかできません。医療はこれからの成長分野です。給与をしっかり上げていくのです。構造的賃上げの実現を通じた賃金と物価の好循環へとつなげるのです。給与は未来への投資なのです。

> ●**Key word** インフレ
> インフレーションの略。一般物価水準の継続的な上昇傾向。

(6) 医療のフィリップス曲線を理解する

近代は実質ではなく名目の給与で労働の供給は決まるとされます（貨幣錯覚）。実際，データからもフィリップス曲線が描かれます。

> ●**Key word** フィリップス曲線
> 失業率と名目賃金上昇率との間のトレードオフの関係。

経済成長率と失業率の上昇率には負の相関があるので，景気が良いと失業率は下がり，人手不足になり，名目賃金上昇率も上がることになります。すると物価上昇率も上がります。経済成長率と物価上昇率は正の関係になります。

これが失業率と実質賃金との関係だったら，物価上昇率が不変でも，名目賃金上昇率の変化だけでコトが足りてしまうかもしれません。逆に物価上昇率が下がっても貨幣賃金上昇率が不変ならば，実質賃金上昇率は上がることにもなります。

不景気のときはこれと逆になります。そもそも失業率があるのは，不景気でも名目賃金が下がりきらないからです（賃金の下方硬直性）。上方にも硬直性があります。お互い変化を好まないということです。

このように給与は，本来マーケットで決まるはずの実質賃金とは切り離されているので，実際には経営者が決めています。

物価上昇率が改善しても，人手不足にならない限りは必然的にすぐ名目賃金を上げる必要がないのです。物価が上がれば給与も上がるようなことがいわれますが，それは失業（自然失業率。以下同じ）がない状態です。

> ●**Key word** 自然失業率
> 完全雇用でも存在する失業率。

病院経営の場合，好景気，不況にはあまり影響されないです。病気やケガは景気に関係なく発生するからです。もっとも，物価上昇は特に光熱水費や材料費の

増加によって影響されます。人件費ももともと決定権があるので影響は鈍いです。しかし，物価上昇率の医療スタッフへの影響は一般企業の社員と変わりません。そういう意味では，病院経営はデフレに強く，インフレに弱いともいえます。

医療スタッフは目の前の患者のために一生懸命なので，経営知識とか物価上昇率とか疎いです。仕事でも物価上昇率を実感することは比較的少ないです。給与明細の数字しかわかりません。

失業があっても，物価上昇率が上昇しているときは，給与を上げるべきなのですが，あまり上がりません。人手不足でも給与は上がらない可能性があります。診療報酬がすぐには変わらないことも背景にあります。

需要超過があれば，人手不足のときも（実質給与が高くても採算が取れれば）病院は拡大か参入をします（診療報酬は少なくともすぐには上がらないので，実質給与は下がり続ける可能性があります）。ただ，診療報酬は少なくともすぐには上がらないので，診療報酬で採算が取れない場合は縮小か撤退します。順番待ちやアンメットが生じます。

需要不足のときは，失業が生じていても（実質給与が低くても）病院は縮小か撤退します（少なくともすぐには診療報酬は下がりませんが，実質給与は下がり続ける可能性があります）。ただ，少なくともすぐには診療報酬は下がらないので，採算が見込めるうちは縮小や撤退は進まず，激しい競争が続きます。

いずれも名目給与は硬直的です。

新古典派では，完全競争のもと，労働の価格は常に適正であるとされます。このロジックでは，低賃金で働いている人は「スキルがないから低賃金」なのであって，その賃金を最低賃金として国がむりやり上げさせると，経営者は採算がとれなければ，その人を解雇し，失業が発生します。もっとも，給与はかなり抑制されてきているので，最低賃金を上げても採算がとれる可能性は高いです。人手不足の時はなおさらです。

（7） 女性活躍に必要なもの

スタッフに経営知識がないことは，特定のスタッフに特に強く働きます。たとえば，女性や高齢者など，一般的に労働市場では弱者と考えられている人たちです。

特に，小さな子どもがいる女性は，現実問題として転職が難しい状況にあります。企業はその足元を見ることができるため，賃金が相対的に低く抑えられるの

です。

　事実，日本で最低賃金で働いている人の男女比率を見ると，15歳〜29歳ではほとんど差がありませんが，30代になると急激に女性の比率が高くなります。年齢が上がるとその傾向はさらに顕著になり，40歳を過ぎると，ほとんどが女性で占められます。

　新古典派経済学での「最低賃金で働かざるを得ないのは，スキルが低いのが理由だ。需要と供給の関係で低賃金になるのだから，自己責任だ」というのは間違いです。

　普通に考えれば，30歳を超えた途端に，女性のスキルだけが一気に低下することなどありえません。こんなことは，誰がどういう理屈を並べても，正当化するのは不可能です。交渉力が弱まるために賃金が低くなってしまう，スタッフに交渉力がないことの説明のほうが，何倍も論理的でしょう。これも談合文化，日本型マイクロマネジメント組織のなせる技です。

　日本の女性に対する雇用状況は世界の恥としかいいようがありませんが，未来病院ではそのようなことがありません。ミッション・コマンド組織は女性の能力を最大限に引き出すようにします。むしろ個々の能力を活かしてもらうために自由な働き方が求められます。たとえば在宅医療などについては病院にスタッフが出勤せず，地域で患者の所へ頻繁に行けるようなシフト体制を組みます。在宅医療の質も患者の満足度も上がります。

　医師不足については，女性医師への働き方支援が必要です。女性医師は，出産や育児などで職場を離れることもあるため，キャリア形成に影響を及ぼす可能性がありました。女性医師でも仕事をしながら安心して出産や育児を行えるような働き方を支援する流れに変化しています。

5　付加価値が創造できない経営者

　わが国の医療スタッフの給与が世界的に低いのは，経営によって本来創造されるべき付加価値が少ないからです。医療スタッフのせいではありません。労働分配率の問題もありますが，付加価値の低さが主因です。付加価値が少ないのは，世界的に診療報酬が低いことのほかに生産性が低いからです。

　最も良くないパターンの病院経営者は，制度の枠組みに縛られ，自らの組織の生産性が低いことに気がついてさえいません。もちろん，生産性を高めようともしていません。経営者としてはこんなに楽な職場はありません。そのような経営

者を咎める株主のような存在もいないからです。

　人員基準や給与相場から人件費は固定化しているので，先に人件費が決まる傾向があります。人件費をギリギリ賄えるような付加価値が求められてきます。人員があれば大抵の診療報酬は自然に確保されます。人件費が賄えないようなところは消滅します。

　付加価値は「診療報酬総額−原材料費」ですが，診療報酬は人件費や材料費などをある程度ベースに算出されていますので，大幅に超過することは，よほど工夫がないとあり得ません。工夫というのは生産性の上昇です。通常は生産性も低いままです。

　今後，制度に縛られていたままでは生き残れません。日本型マイクロマネジメントに染まっていない経営者，とりわけオーナー経営者の活躍に期待します。

6　人手に頼りすぎる伝統

　伝統には，時間とともに研ぎ澄まされた価値があるのですが，ときとしてイノベーションを妨げる惰性にもなります。

　日本の医療は残念ながら，他の産業と比較しても世界的にも生産性が低いといわざるをえません。その原因はいろいろあるものの，端的に表現すると，人手に頼りすぎているからです。設備の装備率が低く，使いこなしていないからです。労働集約型すぎるのです。

　明治以降，医療に限らず，装備不足を大和魂で補うといったような発想がどこか残っているのかもしれません。

　医療スタッフの給与があまりに安いので，目先の利益を目指すときは特に設備をわざわざ導入する気にならないのです。生産性を高める意欲にそもそも欠けるのです。それどころか低い生産性がますます低くなります。給与も同じです。株主のようにそれを咎める人もいません。価格競争もないので，患者がそこそこいれば経営は成り立つのです。

　画期的に即時に診療報酬を伸ばす設備があれば別ですが，そういう設備はなかなかありません。

　付加価値をさほど高めることができずに設備投資が増えるだけなら利益を圧迫してしまいます。あるいは，人件費が多少減っても利益を圧迫します。設備投資の採算が取れないということです。そのため，旧来の日本の病院は設備装備率が低い，なんでも労働で解決しようとするのです。

DPCという制度がそれを助長しています。DPCでは収入が固定されているので，目先の利益を目指すときは特にコストを下げるしかありません。給与は抑制され続け，投資意欲は減退します。制度自体が悪いのではありません。日本の診療報酬は国際的に低いため，生産性や給与を低迷させ，優れた医療スタッフの活躍や先進設備の導入をも阻害しているのです。

ロボットなどで省力化という方向性もありますが，そもそも給与が安いので，その気が起こらないわけです。補完財はもちろんのこと代替財でも起こらないわけです。人件費に比べてロボットが十分安いということが前提になります。

代替は人手不足対策の業務効率化，補完は成長のための付加価値増加とも整理できるかもしれません。

> ●Key word　省力化
> 人の業務効率を上げること。

> ●Key word　補完財
> 互いに補完しあうことで効用が高まる製品やサービス。

> ●Key word　代替財
> 代替することで効用が高まる製品やサービス。

3 ｜ 役割分担ができない地域医療

役割分担とは医療機能の特化・連携です。地域医療構想では病床の機能分化が主に目指されていますが，ここでは医療提供体制全体の機能分化を指します。効率化を前提にすれば，限られた医療資源を効率的・効果的に配分し，人々の安心に応える医療をより多くの人々に提供することです。

1　地域で協力できなかった

コロナ禍では特に医療をめぐって，使命感という言葉が1人歩きしました。しかし，使命感だけではコロナ禍に対応することができませんでした。コロナ禍で医療が機能しなかった最大の原因は役割分担の不足です。特に，保健所はパンデミックに備え，普段から地域の役割分担を明確にしておくべきでした。最大の落

ち度は，コロナ禍のようなパンデミックに備えて民間との信頼関係を普段から築いていなかったことです。

パンデミックが起きてから役割分担を決め始めるなど，後手に回ったのは，想像力の欠如といわざるを得ません。はじめてのことだったので，という言い訳は通用しません。はじめてのことにも対応するのが保健所や病院です。一部の学者らしい空論に掻き回されたとはいえ，十分適切に対応できませんでした。救える命を救えなかったということに対して，もう少し真摯に考えるべきです。精一杯がんばったのだからというのは言い訳にもなりません。尊い命が失われたわけですから。問題は，戦争中そうであったように，組織が人を見殺しにする理不尽さです。

メディアで保健所の混乱ぶりも報道されましたが，メディアは何も役立ちませんでした。人が足りないのなら民間とかが協力すればよいのに，とか思った人は少なくなかったでしょう。メディアは，部数や視聴率を目指し，いまも戦争でさえおもしろおかしく伝え，人心浮薄を煽り，状況を悪化させるだけです。

図表 2 - 7　医療機関が報告する医療機能

医療機能の名称	医療機能の内容
高度急性期機能	○ 急性期の患者に対し、状態の早期安定化に向けて、診療密度が特に高い医療を提供する機能
急性期機能	○ 急性期の患者に対し、状態の早期安定化に向けて、医療を提供する機能
回復期機能	○ 急性期を経過した患者への在宅復帰に向けた医療やリハビリテーションを提供する機能。 ○ 特に、急性期を経過した脳血管疾患や大腿骨頚部骨折等の患者に対し、ADLの向上や在宅復帰を目的としたリハビリテーションを集中的に提供する機能（回復期リハビリテーション機能）。
慢性期機能	○ 長期にわたり療養が必要な患者を入院させる機能 ○ 長期にわたり療養が必要な重度の障害者（重度の意識障害者を含む）、筋ジストロフィー患者又は難病患者等を入院させる機能

◎ 各医療機関（有床診療所を含む。）は病棟単位で（※）、以下の医療機能について、「現状」と「今後の方向」を、都道府県に報告する。
　※ 医療資源の効果的かつ効率的な活用を図る観点から医療機関内でも機能分化を推進するため、「報告は病棟単位を基本とする」とされている（「一般病床の機能分化の推進についての整理」（平成24年6月急性期医療に関する作業グループ）。
◎ 医療機能の名称及び内容は以下のとおりとする。

(注) 一般病床及び療養病床について、上記の医療機能及び構造設備・人員配置等に関する項目・提供する医療の具体的内容に関する項目を報告することとする。

◎ 病棟が担う機能を上記の中からいずれか1つ選択して、報告することとするが、実際の病棟には、様々な病期の患者が入院していることから、提供している医療の内容が明らかとなるように具体的な報告事項を報告する。

◎ 医療機能を選択する際の判断基準は、病棟単位の医療の情報が不足している現段階では具体的な数値等を示すことは困難であるため、報告制度導入当初は、医療機関が、上記の各医療機能の定性的な基準を参考に医療機能を選択し、都道府県に報告することとする。

（出典）　https://www.mhlw.go.jp/file/05-Shingikai-12401000-Hokenkyoku-Soumuka/0000091017.pdf

●**Key word**　保健所
地域住民の健康を支える中核となる公的機関。疾病の予防，衛生の向上など，地域
住民の健康の保持増進に関する業務を行う。地域保健法に基づいて，都道府県，指
定都市，中核市，特別区などに設置。

2　一国一城の主でいたい

　一国一城というのは，患者や医療スタッフについて一定の勢力圏を持って，近
隣の勢力圏と争っているということです。勢力圏争いは世界史における帝国主義
時代の覇権争いのようなものです。一般の企業も同様で，不自然なことではあり
ません。ただ，価格競争がないことなど制度上やむをえず，効率性・生産性に課
題が残ります。

（1）　組織には入りたくない

　古今東西，一国一城の主でありたいと誰しも願います。なにも好き好んでこれ
までの日本型マイクロマネジメントのような組織に入りたいとは思いません。一
国一城の主になったからにはそれを維持したいと強く願います。もっとも，ミッ
ション・コマンド組織ならば，そういうこともあまり起こりません。

　病院も例外ではありません。そればかりか，医療とはかくあるべきだという固
い信念をお持ちの方も多いです。誰かの下に入ったり，組織で自由が利かなくな
るのは避けたいという思いも強いようです。

　これまでの地域医療はまさに制度上やむをえず，帝国主義の時代でした。しか
し，世界史がやがて，国家主権を尊重しあい，自由貿易を推進することになるよ
うに，地域医療でも機能分化が進み，互いに患者や医療スタッフをやりとりする
ようになる様子が期待されます。EUが市場統合をしたように，地域医療推進法
人のような法人が増えていくこともありえます。

　これは，いろいろな意味で医療が重要であるということにほかなりません。

　限られた医療資源で効用（人々の安心）を最終的に最大にするためには，比較
優位の実現と資源の最適配分が必要です。

　比較優位の実現は，限られた医療資源でより多くの人にサービスを提供するこ
とです。地域での役割分担（特化と連携）が必要になってきます。全体の生産性
をより向上させ，付加価値を最大にするということです。最も高い経済成長を実

現することです。

　資源の最適配分は，限られた医療資源で効用を最大化することです。競争と最大利益の実現が求められます。

　しかし現実の世界ではこれがうまくできていません。なぜなら，役割分担についてそれぞれの経営者が制度上やむをえず一国一城の主として戦っているので，なかなかまとまらないのです。エントロピーが溜まっています。

　天下布武というような感じで誰かが天下をとって統一をすれば，1つの組織のなかで特化も連携も強制的に行われます。ところが医療の世界ではなかなかそういう統一というのは難しいわけです。マイクロマネジメント組織の歯車のようになるのを嫌う病院経営者が多いのです。そこで行政が旗を振って，機能分化を進めたり，ホールディングカンパニー的な組織を地域に作ったりしています。

　今回のコロナ禍についても病院間の役割分担がもっと明確で強固であれば，もっと機能したのだと思いますが，やはりそれは限界がありました。

（2）　コスト重視の経営者

　各病院は最大利益を実現します。医療資源の最適配分がなされています。しかし，比較優位を利用して，生産性をより上げていけば，さらに利益は上がります。

　各病院が最終的な最大利益の追求を改めて認識することで，比較優位が顕在化します。たとえば，急性期と慢性期とかを行っていて，相対的に慢性期に比較優位があるとしたら，慢性期に特化したほうが利益が多くなると認識するはずです。

　資源の最適配分が実現すれば，限界生産性すなわち診療報酬と生産要素の価格比は最終的には各病院で一致するはずです。診療報酬は一定なので，比較優位は生産要素の価格（医療の場合はほとんど給与）で実現されるはずです。

　しかし現実にはこのメカニズムは働きません。給与と関係なしに仕事の需要が決まり，労働市場が非効率だからです。病院は低い給与でも人材を集められるので，給与を常に地域の最低相場にあわせようとします。

　コストに目がいってしまい，資源を最適に配分し，比較優位を活かし生産性をより高め，付加価値や利益を上げていくことをしないのです。

　資源の最適配分を達成し，生産性を高めるインセンティブがなく，非効率が残り，生産性は下がっていきます。各病院が利益最大にする意識を持っているかどうかも疑問です。

（3）　病床機能区分の根拠

　医療スタッフや病院設備など医療資源を効率的かつ効果的に配分するには条件があります。病院は利益最大化を目指すのが前提です。

　安心という患者の効用（満足度）を最終的に最大にします。医療資源を効率的に用いてサービスの付加価値を最大にします。同じサービスの各病院の生産性は一致します。需要と供給を調整するのは診療報酬です。競争がなければ行政や経営者がマネジメントをします。

　各病院では，それぞれの診療報酬に対し，限界費用に応じて最大利益を目指してそれぞれのサービスを供給します。各病院は長期的には，最大利益をさらに増やそうとスタッフや設備なども給与や金利に応じて決めます。最適規模になります。その供給の総和が全国の総供給です。総需要と総供給の差があれば，即座ではないにせよ診療報酬が動くことが期待されます。各サービスで同じことが起こります。

　一般企業では，完全競争であれば同じモノ・サービスで生産性は一致します。病院でも同じサービスで生産性も一致するはずです。しかし，病院の場合は特に効用を最終的に最大にするには比較優位の実現が必要です。各病院には同じサービスに対して得意不得意によって生産性に違いが残りやすいところがあります。それが比較優位です。役割分担をして全体の付加価値をさらに増やすのです。それが比較優位の実現です。

　病院はそれぞれ一国一城の別々の国のようなところがありますので，比較優位が起こりやすいのです。

　一般企業では，完全競争であれば価格競争で生産性は一致します。ところが，病院の場合，得意不得意による生産性の差が残ります。生産性の差があるとき，一般企業の場合には価格競争で淘汰されます。しかし，病院の場合，診療報酬は動かず共通なので，そういった価格競争は起こりません。

　そこで比較優位がより起こりやすいのです。

　生産性の差は生産要素の移動でも解消します。それで生産性は一致します。労働生産性の高い企業は給与を高くして人材を集めることができます。それで競争に打ち勝ちます。そういう企業が残って生産性が一致します。

　しかし，病院は人員基準などの関係で人員状況が硬直的です。医療スタッフも給与増の知識があまりなく，労働市場も効率的ではありません。DPCで目先の収支に目がいくので，地域で低い相場で人材を獲得しようとします。

このような状況では，医療資源の最適配分も実現していません。

そこで，行政が介入して，比較優位の実現を目指し，相対的に得意分野に特化・連携させるのです。これが医療経済学的な病床機能分化の根拠です。

医療資源の最適配分のためにも，生産性の一致は必要です。

●Key word 比較優位の原則

国同士で貿易が起こる要因を説明した原則。絶対的な優位性ではなく相対的な優位性があれば，国は互いに相対的優位にあるものに特化して輸出することで生産性を高めることができる。

（4） なぜ日本に中小病院が多いのか

コロナ禍で，日本は中小病院に急性期が分散しているので救急や入院の受入れがうまくできないという指摘がありました。それはそのとおりですが，なぜ急性期が中小病院に分散しているか説明しないと対策が出てきません。

労働市場の効率性が高いと，少しでも高い給料を出せばすぐにスタッフが集まってくるので，高い給料を支払える生産性の高い病院にスタッフが集中します。生産性が高いと病院の規模も大きくなります。特化して規模を拡大することでもあります。

ところが，スタッフに経営知識がない場合，労働市場の効率性は低く，病院は本来支払うべき給料より低い給与でスタッフを雇用します。利益を上げやすくなります。才能を押しつぶすマイクロマネジメント組織に属するよりは一国一城の主のほうがよい面もあります。この利益の存在などで病院がつくられるため，病院の平均規模が縮小します。

ただ，オーナー経営者は，これまでの日本型マイクロマネジメント組織に属していないこともあって，直観的な正しい判断ができます。今後の病院はもとより日本経済にあって唯一期待できる経営者です。

また，地域の近所に中小病院があることは患者にとっては安心です。

重要なのは，規模ではなく，患者やその家族のために役割分担がきちんとなされているかどうかです。

3　談合大国日本は世界の非常識

（1）　談合大国

　談合という言葉がこれだけ似合う国はありません。もともとは農耕民族の国（ムラ社会）ですから，よそ者を排除し，話し合って利益を分け合うというのは得意なのです。最近ではオリンピックでその才能が発揮されました。談合大国日本の名前を世界に改めて知らしめました。

　日本型マイクロマネジメント組織の本質は談合です。

> ●Key word　談合
> 何人かで集まって相談すること。

　談合に象徴される所業は，経済における自由競争という最も崇高な理念への最大の汚辱です。スポーツでの八百長みたいなものです。罪が重いのは，マーケットが信用を失うからです。多くの人々が不利益を被ります。この談合体質がいまや世界からの嘲笑の的になっているばかりか，国際競争力をますます下げています。日本の診療報酬も談合の賜物です。海外で助かる命も診療報酬のせいで助からないこともあるのですから，ことは重大です。

　談合の最大の目的は新規参入の阻止です。新規参入者に利益を奪われるくらいなら，既存権益で事前に話し合って利益を分け合うほうを選びます。これは既存勢力にとっては実は経済合理性があります。

　似たような言葉に「カルテル」「入札談合」があります。

> ●Key word　カルテル
> 事業者または業界団体の構成事業者が相互に連絡を取り合い，本来，各事業者が自主的に決めるべき商品の価格や販売・生産数量などを共同で取り決める行為。

> ●Key word　入札談合
> 国や地方公共団体などの公共工事や物品の公共調達に関する入札に際し，事前に，受注事業者や受注金額などを決めてしまう行為。

　医療は診療報酬で価格が決められていますし，病床規制という量的規制もあります。そのため，自然発生的で談合的になります。談合は新規参入阻止や既存病院間の競争緩和などが目的です。病床を持たないクリニックの開設は，新規参入

は基本的に本来自由のはずです。

　日本には至るところに談合があります。企業内にも多かれ少なかれあって，新参者は基本的にいじめられます。転職が当たり前になっていくには社内談合がなくならないと実質機能しません。国家資格者の専門職の集団である病院はただでさえ閉鎖的ですが，病院内に談合的要素は山積みです。

（2）　マイクロマネジメント組織の談合

　既得権益というのはちょっと困ったものです。どういう経緯だったかわかりませんが，過去の成功者です。現在，役に立つとは限りません。新陳代謝が成長には欠かせませんので，そういう意味ではむしろ，いらない人たちです。

　日本型マイクロマネジメント組織では，組織でうまく立ち回れるだけの才能があるだけの，いわば提灯持ちが経営者や上司になるので，成長のためにはいないほうがよいです。談合の温床になります。

　日本型マイクロマネジメント組織はムラ社会であり，談合体質の温床です。談合体質が日本の生産性や競争力を阻害しています。談合体質があるから，競争がなく，イノベーションもなく，判断も遅くて済むわけです。談合は才能や進歩の否定です。転職とか，多様性とか，スタートアップとかいっていますが，この談合体質がなくならないとだめです。

　目に見える談合が行われていなくても，同調圧力もあります。実質談合です。談合は意図的に行われますが，同調圧力は暗黙に行われます。農耕民族であるわが国では同調圧力は主にムラ社会（マイクロマネジメント組織）のなかに生じます。文化と呼ぶ人がいますが，個性や個々の能力を抑制しているのですから，文化に失礼です。

●**Key word**　同調圧力
少数意見を持つ人が多数意見に合わせるよう暗黙のうちに強制させられること。

　ちなみに，記者クラブという組織がありますが，談合組織の一面を持っています。談合がダメと書くのが仕事ですが，自ら談合しているのは滑稽です。

　学者の世界でも，たとえば新規の採用を公募していても，実は談合でもう内輪で決まっているという話はよく聞きます。学会にもそういうところがあります。

　未来病院では，談合を排除します。

未来病院は，メディアや学者のノイズに迷わされずに，常に正しい道を行く孤高の最後の砦なのです。

このたび人類はコロナ禍という未曾有の感染症の危機にさらされました。ここで起きたことを十分検証して後世につなげなくてはいけません。

はじめてのことだから十分対応できなかったというのは言い訳にもなりません。初めて起こるようなことのために病院はあるのです。パンデミックのために保健所はあるのです。

医療が常に対峙しているのは複雑系です。複雑系のしくみはわからないので，どのようなことが起こっても不思議ではありません。

未来病院は，談合のような慣習から脱し，直観で経営します。病院のオーナー経営は，本来そういうことに向いています。真の日本再生のモデルとして期待しています。

4 医療経済を歪める社会的要因

多くの学者，メディアがコロナ禍を通じて無責任な情報を流し続けていました。ノイズでしかありません。いつの時代も変わりません。戦争中も高度成長期にも国家や組織の不正を促進しました。誤ちを検証することなく，今日も人心浮薄を煽っています。そのほうが部数も視聴率も上がるからです。もとより責任を感じる気配さえありません。

犠牲になるのは末端の人々です。組織で捨て駒のように扱われる人々です。

もう1つの主役が，談合を主力とする，これまでの日本型マイクロマネジメント組織の経営者です。その経営者は役に立たないばかりか，保身のため談合や不正を繰り返し，社員を歯車として扱い社員の幸福を蝕んできました。経営者はそういう組織でうまく泳ぎ回ってきた能力しか持っていません。そもそもコロナ禍などで適切な経営などできるはずがないのです。

これまでの学者，メディア，経営者（オーナー経営者は別格）は，日本をダメにしている3点セットです。

1 相変わらずの学者ぶり

学用品が高すぎるとの指摘が後を絶ちません。ことの真偽はよくわかりませんが，教育費が不当に高いことは事実です。特に大学の授業料については内容に比

して高すぎるとの指摘が席巻し始めています。世界的にもランキングが低いのにそこそこの給与を得ているのは信じられません。実際，一部の例外を除き，授業を聴いて役に立ったと思ったことはこれまで1度もないし，尊敬できる教授とか会ったことはありません。その割には授業料は高く，それが払えず身体を売る学生がいるのも事実です。ほんとうに必要な人たちなのでしょうか。

コロナ禍で学者が犯した罪は重大です。

学者の経済的価値は専門能力です。専門家という位置づけでメディアによく登場します。しかし，メディアそのものが信用できないせいか，胡散臭く感じてしまいます。

わが国の大学や研究機関はなぜ世界的な評価が低いのでしょうか。学者の質がよくないからに他なりません。組織がそうさせているのです。

スティーブ・ジョブズという人がいました。私たちが今，命の次に大事だと思っているスマートフォンの基礎を創った人です。この人はかなり個性的な人だったらしいのですが，一言でいうと，自由な発想を社会に活かしていった人です。この人は大学を出ていないし，米国スタンフォード大学の卒業式に呼ばれたとき，大学はいらないというようなことをいってしまいました。

そういう人がなかなか日本に現れないのは残念です。国際卓越研究大学とかいっていますが，元が低いので，世界レベルにははるかに及びません。

2　メディアによる人心浮薄

日本のメディアの報道が浅いのはすべてについてですが，コロナ禍ではメディアの実力が明白に出ました。

人それぞれですからといって最大公約数を狙います。人それぞれといった途端議論が止まります。真相がわからないまま底の浅い報道が続きます。

浅いだけではありません。メディアは人心浮薄を煽ります。過去を振り返れば明らかです。読んでびっくりです。戦争の時は検閲どころか自ら戦争を煽っていたのではないでしょうか。部数を増やしたり，視聴率を上げたりするために内容をおもしろおかしく変えてしまいます。いまも変わりません。

もはや現場の生の情報しか信用すべきではありません。

メディアは普段から格安特集などでデフレに貢献していたのですが，コロナ禍では，その延長で医療スタッフの自己犠牲を賞賛したりして，日本人の異常な労働の安売り信仰を煽っていました。病院経営を知らないのに，正義を振りかざし，

病院がたくさんあるのにコロナ患者が入院できないのはおかしいと横並びで合唱していました。談合体質も目に余ります。

インターネットのニュースに対するコメントについて気持ち悪いと思ったことは結構あります。こういう人心浮薄を煽っているのも日本のメディアです。メディアのコメンテーターが質の低いコメントで人心浮薄を先導しているところは犯罪に近いです。倫理観に欠けるのです コロナ禍でメディアが多くの人を惑わせ，結果として多くの人命を奪ってきたことに対して，メディアはおそらく責任を感じないでしょう。

日本のメディアはいまも昔も組織の不正を見て見ぬふりをします。横並びという談合も相変わらずです。児童虐待のような深刻な人権侵害があってもあえて報道しないのはもはや加害者です。それで抑えきれなくなったとき，一斉に同じようなコメントを発表するなど談合体質は世界から見ると，もはや異様です。

横並びで一斉に報道が行われている時には，ムラ社会の勇者のように正義を振りかざしてムラびとの人心浮薄に入ってきて，学者や経済団体の人が鬼の首をとったかのように似たようなコメントをしたりしますが，そもそもいままでなぜ知らぬふりをしていたのかと疑問に思います。仕事をしているのでしょうか。報道する勇気がないなら報道機関は要りません。BBCはいつから日本の代表的な報道機関になったのですか。

海外のメディアは少なくとも国民に真実を伝えるのに機能しています。日本のメディアは，海外の論調や国民の指摘を受けてようやく出回る回覧板でしかありません。

3 民間の医療保険の役立たず

番外ですが，コロナ禍では民間の医療保険があまり役に立ちませんでした。というより，普段からあまり役に立っていません。

公的医療保険による医療が混雑し，長い順番待ちやアンメットが生じたときこそ，医療保険，自由診療が期待されるところでした。

民間の医療保険は公的医療保険の補完という位置づけになっています。しかし，公的医療保険が財政難に直面する中で質の高い医療を受けるために，民間の医療保険は，本来貴重な存在だといえます。これまでの日本の診療報酬は国際的に低く，制限も多く，多くの医療スタッフの才能を抑制しているばかりか，広く浅いイメージで海外なら救われる命も救われていないところがあります。

日本は公的医療保険が充実しているので，民間の医療保険について不要とかいっている人たちもいました。しかし，公的医療保険で受けられる医療は制限されています。そうこうしているうちにずいぶん世界標準から遅れをとったような気がします。日本の公的医療保険が充実しているというのは世界を知らないからではないですか。コロナ禍ほど公的医療保険が限界になり，民間の医療保険が必要とされた出来事はありません。無責任な発想です。

　日本の保険業界では，不正や談合が繰り返し行われていて，結果として保険料が割高で，一般の契約者が損をしている状況です。医療保険については，保険料の計算が曖昧で，根拠となるデータも乏しいので不安です.。

　コロナ禍において，もともと生命保険会社各社は，自宅やホテルで療養も含めて医療保険などから入院給付金を支払っていました。

　しかし，途中から，支払対象が縮小されており，かなり必要な人に限定されました。不安が的中した瞬間でした。これから在宅医療が拡大されようとしているのに，民間の医療保険は逆行しているのではないでしょうか。これも各社横並びでしたが，なぜその必要かあるのでしょうか。世界の常識からみて公正なのでしょうか。

　保険が不安なら終わりです。

●Key word　自由診療

公的な医療保険が適用されない診療。

第3章

未来病院プロジェクトの展望

1 | ロボット・ICT・AIの業務効率化

　現在，日本では人口が減少しています。特に若い世代の人口が急激に減っています。病院もその影響を受けています。医療スタッフが人手不足になっています。そのため，ロボット・ICT・AIなどによる業務効率化が求められています。

1　AIを活用したSociety 5.0

　未来病院でもSociety 5.0の実現が期待されます。

　AI，ロボット等やICTの進化と普及により，省力化・自動化・遠隔化が実現され，フィジカル空間にあったさまざまな制約をしだいに解放できるようになってきました。これにより人手不足を補うという可能性も出てきました。

　Society 5.0により医療スタッフはより本質的な業務に集中できます。医療スタッフは，どこにいても，それぞれのライフスタイルなどに合った業務が可能になります。

●**Key word**　Society 5.0

狩猟社会（Society 1.0），農耕社会（Society 2.0），工業社会（Society 3.0），情報社会（Society 4.0）に続く，新たな社会を指すものです。サイバー空間（仮想空間）とフィジカル空間（現実空間）の融合社会。

図表 3 ― 1　Society5.0

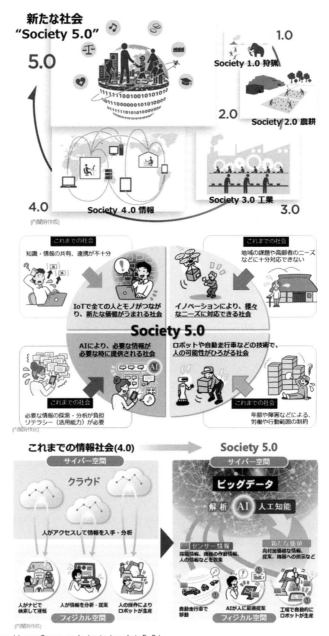

（出典）　https://www.8.cao.go.jp/cstp/society5_0/

Society 5.0では，分野や地域，個人の能力といった枠を越えて人やモノがつながり，情報が共有されます。病院経営でも，そのように情報が共有されることで地域の閉塞感が取り払われ，業務が効率的になります。

ここで注意が必要なのはやはり投資効率です。臨床面でどんなに患者のためになるものでも，基本的に診療報酬等に結びつかなければ，導入は難しいです。導入によってコスト削減になったり，業務効率が上がるといったとき，あるいは差別化，広告効果を狙ったりするときも同様です。

もっとも診療報酬等では，すでにオンライン診療など医療経済の効用が評価されてきており，AIの登場で，サイバー空間をさらに取り込むかたちで生産性がさらに重要になってきます。

2　代替か補完か

医療スタッフがより本質的な活動に集中できるようになれば，生産性は上がります。この文脈は設備投資の効果としてよく語られます。たとえば，「この機器の導入によって看護師は本来の臨床業務に集中できる」といった文脈です。ここで注意すべきは，生産性向上は前提としても結局，看護師は減るのか増えるのかという点です。新規導入する機器等を代替財か補完財かどちらに位置づけるかを明確にすべきです。

たとえば，ロボットと看護師の関係を考えてください。ロボットを看護師の代わりとするのか，看護師の補助として位置づけるのかによって，看護師の受け取り方は大きく異なります。看護師にとってロボットは代替財なのか，補完財なのか。代替財ですと，看護師の削減や仕事がキツくなる可能性があって，反発を招くでしょう。補完財なら実質的に看護師に対する需要，最終的には給与も増え，受け入れやすいでしょう。

一方，経営者の視点では，同じ診療報酬を得るのにロボットが人件費より安ければ，代替財としたほうが直接的に収支は改善します。

このように現場は補完財，経営者は代替財を好む傾向があります。

医療は診療報酬の人員基準が定められているので，医療費の適正化が強まるなかで，医療スタッフの代替財への期待も高いのも事実です。

3　医療DXとのコネクト

医療DXにおけるマイナンバーカード活用，全国医療情報プラットフォームの

創設，電子カルテ情報の標準化等，PHR，新しい医療技術の開発や創薬のための医療情報の二次利活用，診療報酬改定DX，医療DXに関連するシステム開発・運用主体の体制整備，電子処方箋，標準型電子カルテなど病院経営や地域医療構想をめぐるDXはとどまる様子がありません。Society 5.0以前の内容のような印象も受けるのですが。所得を判定し，個人負担割合や保険料算定にも用いられます。

●**Key word**　医療DX
医療分野（病院・薬局・訪問看護ステーションなど）におけるDX（デジタルトランスフォーメーション）。

●**Key word**　PHR（Personal Health Record）
自分のヘルスケア情報を自分で管理する考え方。

マイナンバーカードによるオンライン資格確認の用途拡大や正確なデータ登録の取組みを進め，健康保険証を廃止することが議論になりました。全国医療情報プラットフォームと電子カルテ情報の標準化等はPHRとして本人が検査結果等を確認し，自らの健康づくりにも活用できるしくみを整備します。

　診療報酬改定DX，標準型電子カルテの整備は病院等の間接コスト等を軽減します。健康寿命を延伸し，高齢者の労働参加を拡大するためにも，健康づくり・予防・重症化予防を強化するような，デジタル技術（デジタルヘルス）を活用したヘルスケアイノベーションもあります。

　第3期データヘルス計画を見据え，エビデンスに基づく保健事業（予防・重症化予防・健康づくりの政策効果に関する大規模実証事業を活用）を推進します。

　総合的な認知症施策を進めるなかで，認知症治療の研究開発を推進します。

●**Key word**　全国医療情報プラットフォーム
病院や自治体などが管理している医療情報をクラウドで連携する取組み。レセプト・特定健診情報等に加え，介護保険，母子保健，予防接種，電子処方箋，電子カルテ等の医療介護全般にわたる情報を共有・交換できる。

●**Key word**　地域医療構想

2025年における医療ニーズを推計し，それに対応する医療体制をつくるため，地域の関係者が協力して病院等の特化や連携のしくみを構築する取組み。

●**Key word**　デジタルヘルス

人工知能（AI）やチャットボット，IoT，ウェアラブルデバイス，ビッグデータ解析，仮想現実（VR）など最新のデジタル技術を活用して，医療やヘルスケアの効果を向上させること。

●**Key word**　データヘルス計画

特定健康診査の健診結果や診療報酬明細書（レセプト）等の電子化の整備の進展，国保データベースシステム等の構築により，保険者が健康や医療に関する情報を活用して国民健康保険被保険者の健康課題の分析，保健事業の評価等を行うための基盤整備計画。

図表3－2　「全国医療情報プラットフォーム」（将来像）

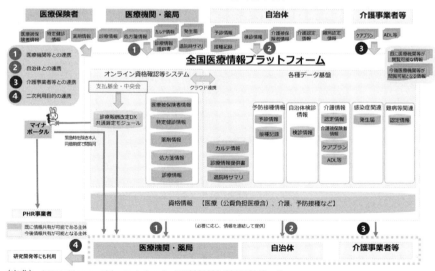

（出典）　https://www.mhlw.go.jp/content/12301000/001112352.pdf

図表3-3　電子カルテ情報共有サービス（仮称）の概要

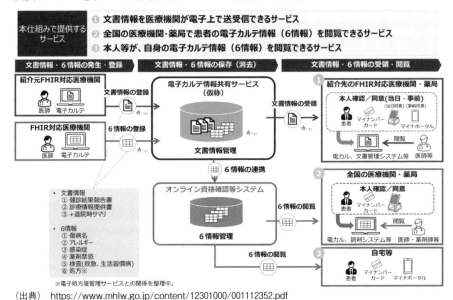

（出典）　https://www.mhlw.go.jp/content/12301000/001112352.pdf

2 マクロ経済の中の医療経済

　未来病院はマクロ経済と大きな関係があります。

　医療経済がマクロ経済に影響しますし，マクロ経済が医療経済に影響します。医療経済とマクロ経済は同期しています。

　これまで長い間，日本のマクロ経済はデフレだったので，日本の病院は，効率性を達成し，役割分担の構築や積極的な投資をして生産性を上げなくても，なんとか共存できていたのです。

　しかし，物価高騰や人件費上昇圧力，金利上昇の可能性を前に，生き残りを賭けた経営に真剣に取り組まなければならなくなってきたのです。

　マクロ経済つまりインフレの直撃を受けています。これまでの病院はインフレに弱いのです。

　今後は，これまでの日本型マイクロマネジメントとは無縁の病院経営者（とりわけオーナー系）の実力発揮が望まれます。

> ●**Key word** マクロ経済
> 一国・地域全体の経済活動のことで，政府，企業，家計を総体として捉える経済。

1 貧困はひどくなっている

　日本はいつからこれほど貧しくなったのでしょうか。国内にいると実感しないかもしれませんが，海外に出ると日本が貧しくなったことを実感します。客観的に見ても，あらゆるデータが日本の貧しさを示しています。経済のデータだけが国の豊かさを表しているわけではないというような言い訳をよく聞きますが，経済的な貧しさは文化も衰退させます。戦争は悲惨だとよくいわれますが，貧困のほうがよほど人間性を奪うことになりませんか。かつて飢饉の折に日本でも子どもが売られていきました。いま世界的に評価が低い大学の授業料を払えない学生がどれだけ身体を売ったり，高額バイトにつられていると思っていますか。この大問題を談合体質の日本のメディアはほとんど報道しません。海外のメディアのほうが取り上げています。これほど高齢者の幸福感の低い国民も珍しいようです。

　日本はこんなに繊細で美しい文化が世界で高く評価されているのに，日本の急速な貧困化に世界は気がつき始めています。

　コロナ禍で，世界中で貧困が浮き彫りになりました。世界的にみても貧困層が多く死亡しました。

　貧困の原因を辿っていくと貧困の連鎖があります。たとえば都市部の駅前の土地などの優良資産を持たないことが最大の岐路です。少なくとも親に優良資産があれば，子どもに引き継がれ，子どもはかなり安泰です。そうでなければ，自分で土地建物を買うなど大きな出費も払い，かつリスクも負います。次に子どもです。子どもをもうければ教育費がかかり，親子共に貧困に陥るわけです。

　おそらく都市部の駅前の土地ほど，価値が高く値下がりしないものはありません。この先，こうした資産を持っているかどうかで人生が決まる理不尽も続きます。これを「親ガチャ」と呼ぶ人もいます。よほどのことがないと逆転しません。

　この貧困の連鎖で，子供を産む余裕ができなくて人口が減るのです。貧困線を越えています。人口が減れば，病院も困ります。人の代わりにロボットなどが労働生産性を上げるかもしませんが，人をますます貧困にしかねません。人口減少に拍車をかけかねません。

　これで潜在成長率を維持しようとしたらよほどのイノベーションか資本増加が

必要です。病院もその縮図です。

　将来に希望も持てず，しらけているので，金融緩和をしても，多少の需給ギャップは埋めても，潜在成長率は低迷したままです。かえって，日本銀行が日本国債引受銀行といわれるほど多額の国債を保有することになったのです。株価は上がっても，人口は増えないわけです。そのうち，クラウディングアウトなどで金利が上がり，景気にブレーキがかかります。金利が上昇したら，病院も困ります。

　物価が上昇しても賃金も上昇する必然性はありません。近代経済学では，労働の供給は名目賃金が重要で物価上昇はあまり影響しません。しかも硬直化するので事実上，経営者が決めることになるのですが，企業や病院に政府や日銀の要請に従う義理はありません。

　付加価値の分配についてとやかくいうつもりはありません。それは経営の自由です。生産性が低いのが貧困の大元です。それは経営者の責任です。まずは経営者を変えていかなければなりません。日本型マイクロマネジメントに汚染されておらず，独立性が高く，直観力が優れている医師やオーナー経営者の活躍が望まれます。

> **●Key word**　クラウディングアウト
> 政府が資金需要をまかなうために大量の国債を発行すると，市中の金利が上昇し，民間の資金需要が抑制されること。

> **●Key word**　貧困線（poverty line, poverty threshold）
> 統計上，生活に必要な物を購入できる最低限の収入を表す指標。

2　医療費亡国論は本当か

　政府支出・公共投資（公共事業）を医療に行うのはムダだという見解があります。医療費亡国論というものもあります。

　超高齢社会で社会保障が財政を圧迫するというのは間違っていませんが，経済を破壊するというのは違います。

> **●Key word**　政府支出
>
> 政府最終消費支出や公的固定資本形成。政府最終消費支出は，政府の一般的な活動や社会保障などの支払い，公的固定資本形成は，道路や学校の整備などの公共投資など。

> **●Key word**　公共投資
>
> 政府や地方自治体などが，道路・電気・水道などのインフラの整備をはじめ，環境保全と災害防止，教育や福祉の充実，産業の育成，地域社会の活性化といった公共の目的で行う投資。

> **●Key word**　医療費亡国論
>
> 高齢化によって医療費が増大し，財政を圧迫し，経済を破壊するという見解。

　経済成長は，人口増加率と資本増加率，イノベーションで決まります。人口の増加は，直接関係があるのは，単なる人口ではなくて，生産年齢人口です。

　医療が問題になったのは高齢者が対象になってきたということがあります。

　コロナ禍では高齢者に配慮した政策が取られました。経済活動のさまざまな制限も高齢者のためという考え方もありました。この高齢者優先の政策について，現役世代の負担が重すぎるとの意見があります。

　医療経済学では医療の効用は安心です。安心というなかには，高齢者への十分な医療があります。家族のため，将来の自分のためでもあります。付加価値を増やしているのです。

　医療は国民経済の中で主要なサービス産業として成り立っていますし，雇用も生まれます。就業者は増えてきています。

　比較優位の考え方からすれば，高齢者自身も付加価値を生む資源になりえます。高齢者を労働力としてとらえる考え方が必要です。

（1）　三面等価の原則からみえること

　生産面のみならず，所得面や支出面の視点から医療を評価することで，医療経済構造の多面的な把握ができます。

　生産面では高齢者自体は基本的に生産力にはなりにくいです。

　分配面では現役世代の所得の一部を再分配している構図です。支出面では，医

療などで多くが政府支出となります。高齢者が増えれば個人消費や設備投資が抑制されます。

　ただ，長期でみると，高齢者の現役世代の付加価値が現在の医療などの支出に当てられているとも考えることができます。それでも急に増えれば，個人消費や設備投資を圧迫します。

　消費といっても現実，生産に役立つものとそうでないものがあります。基本は生産とは直接関係のないものが個人消費です。最終消費財です。付加価値はもともと生産に寄与しないものを想定しています。中間（生産）財でないものです。人間の欲望があってそれを満たすのが経済の本質です。

　医療の需要がある以上，付加価値になります。そういう意味では，高齢者は大きな付加価値の基礎になっているともいえます。

　供給面では，経済成長をもたらすものは，労働と資本の増加，イノベーション（全要素生産性の向上）です。超高齢社会の到来で医療が拡大しています。資本増加とイノベーションに期待があります。

●**Key word**　個人消費
消費者としての個人が購入するモノ・サービスの対価。

●**Key word**　設備投資
企業が事業のために用いる設備に対して行う投資。

●**Key word**　最終（消費）財
個々の家計または地域社会がそれぞれの個別的または集合的な欲求を満たすために消費するモノ・サービス。

●**Key word**　中間（生産）財
他のモノ・サービスを生産するために投入されるモノ・サービス。

●**Key word**　雇用者
会社，団体，官公庁または，自営業者や個人家庭に雇われて給与を得ている人，および役員。

図表3－4　経済活動別GDPの構成比（名目）

令和3暦年の経済活動別（産業別）のGDP構成比（名目）をみると、第1次産業のシェアは1.0%と横ばいとなった。第2次産業のシェアは26.1%と上昇した。第3次産業のシェアは72.9%と低下した。

(%)

	平成17暦年 2005	18暦年 2006	19暦年 2007	20暦年 2008	21暦年 2009	22暦年 2010	23暦年 2011	24暦年 2012	25暦年 2013	26暦年 2014	27暦年 2015	28暦年 2016	29暦年 2017	30暦年 2018	令和元暦年 2019	2暦年 2020	3暦年 2021
1．農林水産業	1.1	1.1	1.1	1.1	1.1	1.1	1.1	1.1	1.1	1.0	1.0	1.1	1.1	1.0	1.0	1.0	1.0
2．鉱業	0.1	0.1	0.1	0.1	0.1	0.1	0.1	0.1	0.1	0.1	0.1	0.1	0.1	0.1	0.1	0.1	0.1
3．製造業	21.3	21.4	21.8	21.3	19.0	20.8	19.6	19.8	19.5	19.8	20.6	20.4	20.5	20.7	20.3	20.1	20.6
4．電気・ガス・水道・廃棄物処理業	3.0	2.8	2.6	2.5	3.0	2.9	2.4	2.2	2.3	2.6	2.9	2.9	2.9	2.9	3.1	3.2	2.8
5．建設業	5.4	5.4	5.0	4.9	5.0	4.6	4.8	4.7	5.0	5.1	5.2	5.4	5.5	5.4	5.5	5.7	5.5
6．卸売・小売業	14.1	13.5	13.1	13.6	13.3	13.4	13.9	14.1	14.1	13.5	13.1	13.0	13.1	12.8	12.5	12.8	13.7
7．運輸・郵便業	5.1	5.2	5.4	5.3	5.1	5.1	5.1	5.3	5.2	5.4	5.3	5.3	5.3	5.4	5.3	4.2	4.1
8．宿泊・飲食サービス業	2.7	2.7	2.7	2.6	2.7	2.6	2.5	2.4	2.5	2.5	2.4	2.6	2.6	2.6	2.5	1.7	1.4
9．情報通信業	5.0	5.0	5.0	5.1	5.2	5.0	5.0	5.0	5.0	4.9	4.9	4.9	4.9	4.9	4.9	5.1	5.1
10．金融・保険業	6.0	5.9	5.8	5.0	5.0	4.8	4.7	4.5	4.6	4.4	4.3	4.1	4.1	4.1	4.1	4.2	4.3
11．不動産業	11.0	11.3	11.3	11.7	12.5	12.3	12.6	12.6	12.5	12.4	12.1	12.0	11.9	11.8	11.8	12.3	12.0
12．専門・科学技術、業務支援サービス業	6.1	6.5	6.9	7.5	7.5	7.2	7.6	7.5	7.7	7.8	7.9	8.1	8.0	8.1	8.4	8.8	8.8
13．公務	5.0	5.0	5.0	5.1	5.3	5.1	5.3	5.2	5.0	5.0	4.9	4.9	5.0	5.0	5.2	5.2	5.2
14．教育	3.6	3.6	3.6	3.6	3.8	3.7	3.8	3.8	3.6	3.6	3.5	3.5	3.5	3.5	3.5	3.6	3.5
15．保健衛生・社会事業	5.7	5.7	5.8	5.9	6.6	6.7	6.9	7.3	7.4	7.3	7.5	7.7	7.6	7.7	7.9	8.2	8.3
16．その他のサービス	4.9	4.9	4.8	4.8	4.8	4.6	4.6	4.6	4.5	4.4	4.2	4.1	4.1	4.0	4.0	4.0	3.8
合計	100.0	100.0	100.0	100.0	100.0	100.0	100.0	100.0	100.0	100.0	100.0	100.0	100.0	100.0	100.0	100.0	100.0
第1次産業（農林水産業）	1.1	1.1	1.1	1.1	1.1	1.1	1.1	1.1	1.1	1.0	1.0	1.1	1.1	1.0	1.0	1.0	1.0
第2次産業（鉱業、製造業、建設業）	26.8	26.8	26.9	26.2	24.1	25.5	24.5	24.6	24.5	25.0	25.9	25.8	26.1	26.2	25.9	25.9	26.1
第3次産業（その他）	72.1	72.1	72.0	72.7	74.8	73.4	74.4	74.3	74.4	74.0	73.1	73.0	72.8	72.7	73.1	73.1	72.9
市場生産者	88.9	88.8	88.9	88.7	88.3	88.7	88.4	88.5	88.8	88.7	88.9	89.0	89.0	89.0	88.8	88.3	88.4
一般政府	9.1	9.1	9.0	9.2	9.6	9.2	9.4	9.2	9.0	9.1	8.8	8.8	8.7	8.9	8.8	9.1	9.0
対家計民間非営利団体	2.0	2.1	2.0	2.0	2.1	2.1	2.2	2.3	2.2	2.2	2.2	2.3	2.3	2.4	2.4	2.6	2.5

（注1）各経済活動欄には市場生産者のほか、一般政府、対家計民間非営利団体からなる非市場生産者を含む。
（注2）上記は、経済活動別付加価値の合計（国内総生産（GDP）とは異なる）に対する構成比。
（注3）不動産業の生産額には、持ち家の帰属家賃（持ち家を賃貸と同様のサービス生産と考えること）を含む。

（出典）　https://www.esri.cao.go.jp/jp/sna/data/data_list/kakuhou/files/2021/sankou/pdf/seisan_20221223.pdf

図表3－5　産業別の就業者数割合（%）

	2000	2005	2010	2015	2020
第1次産業	5.2	4.9	4.2	3.7	3.2
農業・林業	4.7	4.5	3.7	3.4	3.0
漁業	0.4	0.3	0.3	0.3	0.2
第2次産業	29.5	26.4	25.2	24.6	23.4
鉱業・採石業	0.1	0.1	0.0	0.0	0.0
建設業	10.1	8.8	8.5	7.7	7.4
製造業	19.0	17.0	16.1	16.9	15.9
第3次産業	65.3	68.6	70.6	71.7	73.4
電気・ガス・水道	0.5	0.5	0.5	0.5	0.5
運輸・郵便業	5.1	5.2	5.4	5.5	5.6
情報・通信業	2.5	2.6	2.7	3.4	3.8
卸売・小売業	18.1	17.5	16.4	16.1	15.8
金融・保険業	2.8	2.5	2.5	2.6	2.5
不動産・物品賃貸業	1.7	1.8	1.9	2.2	2.3
学術研究・サービス業	3.1	3.1	3.2	3.6	3.9
宿泊・飲食サービス業	6.0	6.0	5.7	5.9	5.6
生活関連サービス業	3.8	3.8	3.7	3.7	3.5
教育・学習支援業	4.1	4.3	4.4	4.8	5.1
医療・福祉	6.8	8.7	10.3	12.4	13.5
複合サービス事業	1.1	1.1	0.6	0.8	0.7
サービス業（その他）	5.5	7.0	5.7	6.5	6.9
公務	3.4	3.4	3.4	3.6	3.6
分類不能	1.2	1.9	5.8	5.4	−
総数	100.0	100.0	100.0	100.0	100.0

資料：総務省統計局「国勢調査報告　就業状態等基本集計結果（平成29年4月26日）」

（出典）　https://www.mlit.go.jp/road/toukei_chousa/road_db/pdf/2022/doc3.pdf

> ●**Key word** 就業者
>
> 従業者と休業者。雇用者，自営業者，家族従業者の合計。

> ●**Key word** 三面等価の原則
>
> 生産（付加価値），分配（所得），支出（需要）の3つの側面でみた額が，一定期間
> が経過した後（事後的）には等しくなること。

3　医療費の適正化

　今後の高齢者人口の更なる増加と人口減少に対応し，限りある医療資源を有効に活用しながら質の高い医療サービスを必要に応じて提供しないといけません。そのため，医療の機能分化と連携の更なる推進，医療人材の確保・育成，働き方改革，医療ニーズの変化やデジタル技術の著しい進展に対応した改革を早期に進める必要があります。

図表3－6　良質かつ適切な医療を効率的に提供する体制の確保を推進するための医療
**　　　　　法等の一部を改正する法律の概要**

改正の趣旨

　良質かつ適切な医療を効率的に提供する体制の確保を推進する観点から、医師の働き方改革、各医療関係職種の専門性の活用、地域の実情に応じた医療提供体制の確保を進めるため、長時間労働の医師に対し医療機関が講ずべき健康確保措置等の整備や地域医療構想の実現に向けた医療機関の取組に対する支援の強化等の措置を講ずる。

改正の概要

＜Ⅰ．医師の働き方改革＞

長時間労働の医師の労働時間短縮及び健康確保のための措置の整備等（医療法）【令和6年4月1日に向け段階的に施行】
　医師に対する時間外労働の上限規制の適用（令和6年4月1日）に向け、次の措置を講じる。
　・勤務する医師が長時間労働となる医療機関における医師労働時間短縮計画の作成
　・地域医療の確保や集中的な研修実施の観点から、やむを得ず高い上限時間を適用する医療機関を都道府県知事が指定する制度の創設
　・当該医療機関における健康確保措置（面接指導、連続勤務時間制限、勤務間インターバル規制等）の実施　等

＜Ⅱ．各医療関係職種の専門性の活用＞

1．医療関係職種の業務範囲の見直し（診療放射線技師法、臨床検査技師等に関する法律、臨床工学技士法、救急救命士法）【令和3年10月1日施行】
　タスクシフト/シェアを推進し、医師の負担を軽減しつつ、医療関係職種がより専門性を活かせるよう、各職種の業務範囲の拡大等を行う。

2．医師養成課程の見直し（医師法、歯科医師法）【①は令和7年4月1日／②は令和5年4月1日施行等】※歯科医師も同様の措置
　①共用試験合格を医師国家試験の受験資格要件とし、②同試験に合格した医学生が臨床実習として医業を行うことができる旨を明確化。

＜Ⅲ．地域の実情に応じた医療提供体制の確保＞

1．新興感染症等の感染拡大時における医療提供体制の確保に関する事項の医療計画への位置付け（医療法）【令和6年4月1日施行】
　医療計画の記載事項に新興感染症等への対応に関する事項を追加する。

2．地域医療構想の実現に向けた医療機関の取組の支援（地域における医療及び介護の総合的な確保の促進に関する法律）【公布日施行】
　令和2年度に創設した「病床機能再編支援事業」を地域医療介護総合確保基金に位置付け、当該事業については国が全額を負担することとするほか、再編を行う医療機関に対する税制優遇措置を講じる。

3．外来医療の機能の明確化・連携（医療法）【令和4年4月1日施行】
　医療機関に対し、医療資源を重点的に活用する外来等について報告を求める外来機能報告制度の創設等を行う。

＜Ⅳ．その他 持ち分の定めのない医療法人への移行計画認定制度の延長【公布日施行】

（出典）　https://www.mhlw.go.jp/content/10800000/000965965.pdf

図表３−７　都道府県別にみた国民医療費・人口一人当たり国民医療費

令和２年度（2020）

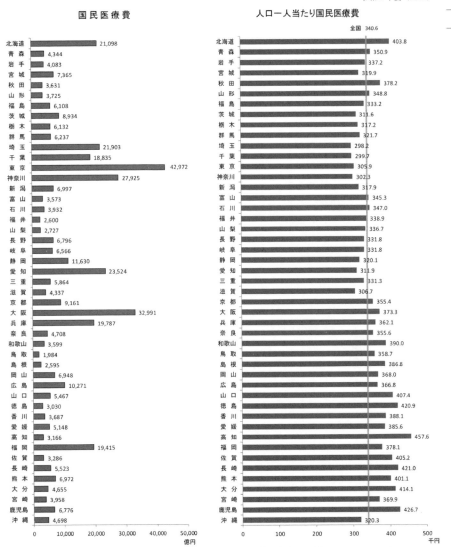

国民医療費

都道府県	国民医療費（億円）
北海道	21,098
青森	4,344
岩手	4,083
宮城	7,365
秋田	3,631
山形	3,725
福島	6,108
茨城	8,934
栃木	6,132
群馬	6,237
埼玉	21,903
千葉	18,835
東京	42,972
神奈川	27,925
新潟	6,997
富山	3,573
石川	3,932
福井	2,600
山梨	2,727
長野	6,796
岐阜	6,566
静岡	11,630
愛知	23,524
三重	5,864
滋賀	4,337
京都	9,161
大阪	32,991
兵庫	19,787
奈良	4,708
和歌山	3,599
鳥取	1,984
島根	2,595
岡山	6,948
広島	10,271
山口	5,467
徳島	3,030
香川	3,687
愛媛	5,148
高知	3,166
福岡	19,415
佐賀	3,286
長崎	5,523
熊本	6,972
大分	4,655
宮崎	3,958
鹿児島	6,776
沖縄	4,698

人口一人当たり国民医療費　全国 340.6

都道府県	人口一人当たり国民医療費（千円）
北海道	403.8
青森	350.9
岩手	337.2
宮城	319.9
秋田	378.2
山形	348.8
福島	333.2
茨城	311.6
栃木	317.2
群馬	321.7
埼玉	298.2
千葉	299.7
東京	305.9
神奈川	302.3
新潟	317.9
富山	345.3
石川	347.0
福井	338.9
山梨	336.7
長野	331.8
岐阜	331.8
静岡	320.1
愛知	311.9
三重	331.3
滋賀	306.7
京都	355.4
大阪	373.3
兵庫	362.1
奈良	355.6
和歌山	390.0
鳥取	358.7
島根	386.8
岡山	368.0
広島	366.8
山口	407.4
徳島	420.9
香川	388.1
愛媛	385.6
高知	457.6
福岡	378.1
佐賀	405.2
長崎	421.0
熊本	401.1
大分	414.1
宮崎	369.9
鹿児島	426.7
沖縄	320.3

（出典）　https://www.mhlw.go.jp/toukei/saikin/hw/k-iryohi/20/dl/data.pdf

「医療サービスを必要に応じて提供」するための財源はいっそうひっ迫してきているので，医療費の適正化がより重要になってきます。

医療費の適正化については，1人当たり医療費の地域差半減に向けて，都道府県が地域の実情に応じて地域差がある医療への対応などが求められています。

医療費適正化計画での都道府県の責務の明確化等，地域医療構想の推進，都道府県のガバナンス強化，かかりつけ医機能の発揮，地域医療連携推進法人制度の有効活用，地域で安全に分娩できる周産期医療の確保，ドクターヘリの推進，救急医療体制の確保，訪問看護の推進，医療法人等の経営情報に関する全国的なデータベースの構築が手段です。

実効性のある医師偏在対策，医療専門職のタスクシフト・シェア，薬局薬剤師の対人業務の充実，対物業務の効率化，地域における他職種の連携等（医師が不足する地域への大学病院からの医師の派遣の継続を含む）を推進，保険者，都道府県，医師，薬剤師などの関係者・関係機関の更なる対応によりリフィル処方の活用も求められています。

健康寿命を延伸し，高齢者の労働参加を拡大するためにも，健康づくり・予防・重症化予防を強化し，デジタル技術を活用が求められます。

●Key word 医療適正化計画

高齢者の医療の確保に関する法律では，制度の持続可能な運営を確保するため，国と都道府県が保険者・医療関係者等の協力を得て，住民の健康増進や医療費の適正化を進めるため，6年を1期として，国において医療費適正化基本方針を定めるとともに，都道府県において医療費適正化計画を定め，目標の達成に向けて，取組みを進める。

●Key word 都道府県のガバナンス強化

医療費適正化などにおける都道府県の権限強化。予防・健康面では医療費適正化計画の策定，医療提供体制では医療計画の策定，医療保険では国保の保険者，介護では市町村の支援。

●Key word 健康寿命

健康上の問題で日常生活が制限されることなく生活できる期間。

図表3－8　第4期医療費適正化計画（2024～2029年度）に向けた見直し

医療費の更なる適正化に向けて、①新たな目標として、複合的なニーズを有する高齢者への医療・介護の効果的・効率的な提供等を加えるとともに、②既存の目標についてもデジタル等を活用した効果的な取組を推進する。また、計画の実効性を高めるため、③都道府県が関係者と連携するための体制を構築する。

計画の目標・施策の見直し

① 新たな目標の設定

➢ 複合的なニーズを有する高齢者への医療・介護の効果的・効率的な提供等
・高齢者の心身機能の低下等に起因した疾病予防・介護予防
・医療・介護の連携を通じた効果的・効率的なサービス提供（例：骨折対策）

➢ 医療資源の効果的・効率的な活用
・効果が乏しいというエビデンスがあることが指摘されている医療
　（例：急性気道感染症・急性下痢症に対する抗菌薬処方）
・医療資源の投入量に地域差のある医療
　（例：白内障手術や化学療法の外来での実施、リフィル処方等（※））
　　（※）リフィル処方箋については、地域差の実態等を確認した上で必要な取組を進める。

⇒ 有識者による検討体制を発足させて、エビデンスを継続的に収集・分析し、都道府県が取り組める目標・施策の具体的なメニューを追加

② 既存目標に係る効果的な取組

健康の保持の推進
➢ 特定健診・保健指導の見直し
　⇒アウトカム評価の導入、ICTの活用など

医療の効率的な提供
➢ 重複投薬・多剤投与の適正化
　⇒電子処方箋の活用

➢ 後発医薬品の使用促進
　⇒個別の勧奨、フォーミュラリ策定等による更なる取組の推進や、バイオ後続品の目標設定等を踏まえた新たな数値目標の設定

➡ さらに、医療DXによる医療情報の利活用等を通じ、健康の保持の推進・医療の効率的な提供の取組を推進
※ 計画の目標設定に際し、医療・介護サービスを効果的・効率的に組み合わせた提供や、かかりつけ医機能の確保の重要性に留意

実効性向上のための体制構築

③ 保険者・医療関係者との方向性の共有・連携
　・保険者協議会の必要化・医療関係者の参画促進、医療費見込みに基づく計画最終年度の国保・後期の保険料の試算　等

➢ 都道府県の責務や取り得る措置の明確化
　・医療費が医療費見込みを著しく上回る場合等の要因分析・要因解消に向けた対応の努力義務化　等

1

（出典）　https://www.mhlw.go.jp/content/12400000/001123575.pdf

図表3－9　地域医療構想について

○ 今後の人口減少・高齢化に伴う医療ニーズの質・量の変化や労働力人口の減少を見据え、質の高い医療を効率的に提供できる体制を構築するためには、医療機関の機能分化・連携を進めていく必要。

○ こうした観点から、各地域における2025年の医療需要と病床の必要量について、医療機能（高度急性期・急性期・回復期・慢性期）ごとに推計し、「地域医療構想」として策定。
　その上で、各医療機関の足下の状況と今後の方向性を「病床機能報告」により「見える化」しつつ、各構想区域に設置された「地域医療構想調整会議」において、病床の機能分化・連携に向けた協議を実施。

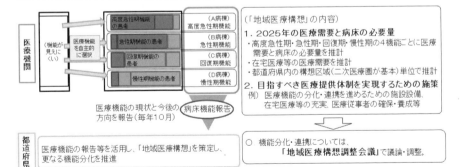

（出典）　https://www.mhlw.go.jp/stf/seisakunitsuite/bunya/0000080850.html

図表 3 −10　地域医療連携推進法人制度の概要

・医療機関相互間の機能分担及び業務の連携を推進し、地域医療構想を達成するための一つの選択肢としての、新たな法人の認定制度
・複数の医療機関等が法人に参画することにより、競争よりも協調を進め、地域において質が高く効率的な医療提供体制を確保

地域医療連携推進法人

理事会 （理事３名以上及 び監事１名以上）	→連携法人の 業務を執行→	社員総会 （連携法人に関する 事項の決議）	←意見具申（社員 総会は意見を尊重）→	地域医療連携 推進評議会

都道府県知事 — 認定・監督 —／ 意見具申 — 都道府県医療審議会

○ 医療連携推進区域（原則地域医療構想区域内）を定め、区域内の病院等の連携推進の方針（医療連携推進方針）を決定
○ 医療連携推進業務等の実施
　診療科（病床）再編（病床特例の適用）、医師等の共同研修、医薬品等の共同購入、参加法人への資金貸付（基金造成を含む）、連携法人が議決権の全てを保有する関連事業者への出資等
○ 参加法人の統括（参加法人の予算・事業計画等へ意見を述べる）

参画（社員）／参画（社員）／参画（社員）／参画（社員）

参加法人
（非営利で病院等の運営又は地域包括ケアに関する事業を行う法人）

（例）医療法人 A 病院	（例）公益法人 B 診療所	（例）NPO法人 C 介護事業所

・区域内の個人開業医
・区域内の医療従事者養成機関
・関係自治体　　　　　　　等

○ 一般社団法人のうち、地域における医療機関等相互間の機能分担や業務の連携を推進することを主たる目的とする法人として、医療法に定められた基準を満たすものを都道府県知事が認定
（認定基準の例）
・ 病院、診療所、介護老人保健施設、介護医療院のいずれかを運営する法人が２以上参加すること
・ 医師会、患者団体その他で構成される地域医療連携推進評議会を法人内に置いていること
・ 参加法人が重要事項を決定するに当たっては、地域医療連携推進法人に意見を求めることを定款で定めていること

（出典）　https://www.mhlw.go.jp/file/06-Seisakujouhou-10800000-Iseikyoku/0000205204.pdf

図表 3 −11　医療法人の経営情報の調査及び分析等

➢ 医療の置かれている現状と実態を把握するために必要な情報を収集し、政策の企画・立案に活用するとともに、国民に対して丁寧に説明していくため、①医療法人の経営情報の収集及びデータベースの整備と、②収集した情報を国民に分かりやすくなるよう属性等に応じてグルーピングした分析結果の公表、③データベースの情報を研究者等へ提供する制度を創設する。
　【施行日：①及び②は令和５年８月１日　③は公布日から三年以内に政令で定める日】

【データベースの概要】
・ 対象：原則、全ての医療法人
・ 収集する情報：病院及び診療所における収益及び費用並びに、任意項目として職種別の給与（給料・賞与）及びその人数
　収集する内容は　※病床機能報告・外来機能報告と連携させるとともに、データの活用に当たっては、公立医療機関の経営情報などの公開情報及び、必要に応じて統計調査も
　省令以下で検討　　活用した分析等に取り組む。
・ 公表方法：国民に分かりやすくなるよう属性等に応じてグルーピングした分析結果の公表
・ その他：研究者等が公益目的の研究を行う場合には、社会保障審議会での審査を経てデータベースに収載された情報を提供できる（第三者提供制度）※詳細は、施行までの間に検討

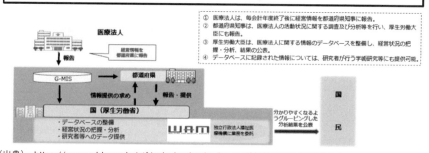

① 医療法人は、毎会計年度終了後に経営情報を都道府県知事に報告。
② 都道府県知事は、医療法人の活動状況に関する調査及び分析等を行い、厚生労働大臣にも報告。
③ 厚生労働大臣は、医療法人に関する情報のデータベースを整備し、経営状況の把握・分析、結果の公表。
④ データベースに記録された情報については、研究者が行う学術研究等にも提供可能。

（出典）　https://www.mhlw.go.jp/stf/seisakunitsuite/bunya/0000177753_00005.html

図表3－12　リフィル処方箋の仕組み

> リフィル処方箋の仕組み
>
> ➢ 症状が安定している患者について、医師の処方により医師及び薬剤師の適切な連携の下、一定期間内に処方箋を反復利用できるリフィル処方箋の仕組みを設ける。
>
> ［留意事項］
> （1）保険医療機関の保険医がリフィルによる処方が可能と判断した場合には、処方箋の「リフィル可」欄にレ点を記入する。
> （2）リフィル処方箋の総使用回数の上限は3回までとする。また、1回当たり投薬期間及び総投薬期間については、医師が、患者の病状等を踏まえ、個別に医学的に適切と判断した期間とする。
> （3）保険医療機関及び保険医療養担当規則において、投薬量に限度が定められている医薬品及び湿布薬については、リフィル処方箋による投薬を行うことはできない。
> （4）リフィル処方箋による1回目の調剤を行うことが可能な期間については、通常の処方箋の場合と同様とする。2回目以降の調剤については、原則として、前回の調剤日を起点とし、当該調剤に係る投薬期間を経過する日を次回調剤予定日とし、その前後7日以内とする。
> （5）保険薬局は、1回目又は2回目（3回可の場合）に調剤を行った場合、リフィル処方箋に調剤日及び次回調剤予定日を記載するとともに、調剤を実施した保険薬局の名称及び保険薬剤師の氏名を余白又は裏面に記載の上、当該リフィル処方箋の写しを保管すること。また、当該リフィル処方箋の総使用回数の調剤が終わった場合、調剤済処方箋として保管すること。
> （6）保険薬局の保険薬剤師は、リフィル処方箋により調剤を行うに当たって、患者の服薬状況等の確認を行い、リフィル処方箋により調剤することが不適切と判断した場合には、調剤を行わず、受診勧奨を行うとともに、処方医に速やかに情報提供を行うこと。また、リフィル処方箋により調剤した場合は、調剤した内容、患者の服薬状況等について必要に応じ処方医へ情報提供を行うこと。
> （7）保険薬局の保険薬剤師は、リフィル処方箋の交付を受けた患者に対して、継続的な薬学的管理指導のため、同一の保険薬局で調剤を受けるべきである旨を説明すること。
> （8）保険薬局の保険薬剤師は、患者の次回の調剤を受ける予定を確認すること。予定される時期に患者が来局しない場合は、電話等により調剤の状況を確認すること。患者が他の保険薬局において調剤を受けることを申し出ている場合は、当該他の保険薬局に調剤の状況とともに必要な情報をあらかじめ提供すること。

（出典）　https://www.mhlw.go.jp/content/12404000/001075456.pdf

図表3－13　薬剤師の対人業務シフトに向けた対物業務の効率化イメージ

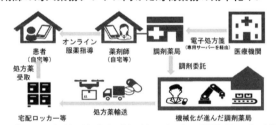

（出典）　https://www8.cao.go.jp/kisei-kaikaku/kisei/meeting/wg/2201_03medical/220922/medical09_0202_ref03.pdf

4　粘り強すぎる金融緩和

　わが国の人口は，コロナ禍の影響もあり，減少速度が加速しています。特に現役世代の減少が大きいです。病院でも人手不足が懸念されます。このため，異次元の少子化対策に全力で取り組みつつ，持続的成長と安心できる経済社会を実現できる経済構造を作っていかなければならないわけです。それが安心であり，医療の安心が基礎なのです。本格化する人口減少社会，超高齢化社会で持続可能な病院を創らなければなりません。

　このためにも，新たな行動を実行に移す未来病院を積極的に後押しすることで，

病院主導の持続的・安定的な経済成長を経済全体の成長の規範にするわけです。

わが国では，バブル崩壊以降，高齢化を背景に家計の貯蓄率は低下傾向にあります。社会保障，とりわけ医療への依存が増しています。企業は投資超過から余剰資金を保有する状態である貯蓄超過となっています。政府は大きな財政赤字から脱却できずにいます。企業の貯蓄を病院の投資に向ける必要があります。

（1）　医療のマクロ経済における位置

医療はGDPで大きなウェイトを占めています。医療直接ではなくても医療関連の業界も入れるとかなりのウェイトを持ちます。GDPは付加価値なので，医療は大きな付加価値を生んでいるわけです。

経済成長率はGDP成長率ですから，付加価値が大きくなると成長率も大きくなります。付加価値は人口・資本・技術の3つで大きく構成されています。経済成長率は人口増加率と資本増加率と技術進歩率の合計です。

病院の付加価値を考えるとき，人口増加というのは，病院で働く人の数（と時間の積）が増えるという意味です。医療の対象となる高齢者が増えることはマクロ経済には影響しますが，医療の付加価値も増加します。

病院で設備投資をすると資本が蓄積していきます。付加価値を考えるときは，資本増加は資本（と資本稼働率の積）が増えるという意味です。また医療のイノベーションは，全要素で成長率すなわち付加価値を増やしていくことにつながります。

付加価値は生産要素の投入量と価格の積であり，産出量と価格の積でもあります。賃金は限界労働生産性と限界費用（利益最大のときは価格）の積すなわち限界付加価値労働生産性です。

付加価値生産性は1人当たりのGDPということです。この付加価値生産性は，医療は他の産業と比べても，世界と比較しても低いといわれています。設備が充実していないです。イノベーションも起こっていません。労働集約型で労働分配率は高いので，労働生産性は低くなります。診療報酬が低いのも原因です。給与は低くなります。

医療の付加価値が大きいのは就業者が多いからです。

世界情勢も病院経営と無関係なわけではありません。ロシアによるウクライナ侵攻が物価高騰を招いています。インフレ圧力，欧米各国の急速な金融引締めによる世界経済の下振れリスク，深刻さを増す世界規模での気候変動や災害問題，

エネルギー・食料問題を含む経済安全保障に対応したサプライチェーンの弱さなど，すでに病院経営に大きな影響を与えています。

（2） 低すぎる潜在成長率

　現在，金融緩和・積極財政でGDPギャッププラスなどといっていますが，円安などで輸出が増加しただけです。消費や投資は増えていません。仮に景気が良くなっても潜在成長率は低いままです。深刻な事態になっています。日本銀行が国債を買って金利を下げてもみんなしらけていて消費も投資もしないのです。物価が上がっても個人消費はむしろ抑制されます。行き場のないマネーが株価を不当に上げるだけです。

　インフレ率を目標にしても潜在成長率は上げられません。それどころか給与も上がりません。成長と分配の逆循環です。金利を無理に抑制することは潜在成長率の足かせにもなります。人口問題も付け焼き刃の政策では激減必至です。未来病院をきっかけに構造的に体質を正常化することが期待されます。

　物価が高騰しているのに日銀はなかなか政策金利を上げません。不確実性があるとかいわれていますが，いつだって不確実性はあるのです。政策として責任を持ってそれを決めるのが中央銀行の使命でしょう。

●Key word　潜在成長率

中長期的に持続可能な経済成長率。生産活動に必要な全要素を使った場合，供給能力をどれだけ増大させられるかを示す指標。国内総生産（GDP）伸び率が個人消費や企業の設備投資など需要サイドから見た増加率であるのに対し，潜在成長率は設備などの資本，労働力，イノベーションの供給サイドの3要素から算定される。

　診療報酬は少なくとも，コストの適切な積算とマークアップ率の確保を行うべきです。医療スタッフの高い賃金上昇を持続的なものとするべきです。投資の増加も見込むべきです。医師の働き方改革に向け効率性・生産性を上昇させるようなものについては付加価値で評価すべきです。

　人口が急速に減少しているなか，潜在成長率を維持するのは至難の技です。この先，金融緩和を続けても，需給ギャップを埋め，有効需要＝消費＋投資＋政府支出＋（輸出－輸入）を増加させても，潜在成長率は上昇しません。国債のエクスポージャーを高めるだけです。病院も急速な金利の上昇には耐えられそうもありません。

未来病院は資金調達方法を多様化します。

　生産性向上により給与を上げます。低すぎる診療報酬の改善を望みつつも，自力でできることは生産性向上がメインです。

　日本銀行の大量の国債購入で，事実上の財政ファイナンスとなり，長期金利の上昇も抑制されてきました。財政支出は増え，クラウディングアウトによって，金利が上昇するところを，国債の購入，買いオペによって金利の上昇を抑制して，景気回復を図るというのも，肝心の給料が増えていかないと持続しません。

> ● **Key word**　マークアップ率
> 原価に対する利益の割合。

> ● **Key word**　国債のエクスポージャー
> 投資家が持っているポートフォリオのなかで，直接的に関わってくる特定のリスクにさらされている国債の割合。

（3）　医療への政府支出の意味

　経済成長というのは，基本は供給面の話です。需給ギャップがあるうちはまだ滑走路にいるようなものです。成長を維持するには，人口が減ってきているのでイノベーションか設備を充実していくしかありません。労働生産性を高めることです。供給力の強化です。それは医療の領域でむしろとても期待できます。問題は制度的な足かせですが，旧来の日本型マイクロマネジメント組織から自由で優れた直観力で問題を解決できる医師やオーナー経営者に期待します。それが未来病院です。

　最近ではほとんどの医療の対象は高齢者です。高齢者は生産力になりません。国の付加価値増加率は供給面では人口増加率に大きく依存します。付加価値に寄与しないとしたら，高齢者の増加は国民1人当たりのGDPをむしろ減少させます。そういう意味では生産性を引き下げます。ただ生産年齢人口の1人当たりのGDPはむしろ高める可能性があります。医療の付加価値が増えるからです。それゆえ，病院における生産性の向上が求められるわけです。

> ● **Key word**　生産年齢人口
> 生産活動の中心にいる15歳以上65歳未満の人口。

人口減少を抑制していく政策が注目されています。いわゆる少子化対策です。子どもはいずれ生産年齢人口になります。質量ともに上げていくべきです。成長に寄与するわけです。病院の人手不足対策にもなります。

政府支出をどこに行うかという問題があります（ワイズスペンディング）。政府支出は需要面で有効需要を増やします。その場合，乗数効果の高いところに支出するほうが効果は大きいです。内部留保が少ないところほど実際には乗数効果も高いです。病院は内部留保が少なく，労働集約型なので比較的高い乗数効果が見込まれます。生産面では生産誘発効果も重要です。これらはフロー効果と総称されます（これに対し供給面ではストック効果があります）。実際には補助金や事業支出も重要です。

●**Key word** 乗数効果
民間投資や公共投資自体が最終需要として景気拡大に結びつくのみならず，所得の増加により個人消費等に波及することによりGDPをさらに増加させる効果。

●**Key word** 生産誘発効果
最終需要の増加により，供給の弾力性が無限大との仮定のもとで誘発される生産の増加効果。

●**Key word** ワイズスペンディング
不況対策として財政支出を行う際は将来的に利益・利便性を生み出すことが見込まれる事業・分野に対して選択的に行うことが望ましい，という考え方。

●**Key word** 財政支出
政府支出のほか財政投融資も含む。

●**Key word** 財政投融資
政府系金融機関などを通じた民間への資金供給。

●**Key word** 事業支出
ある事業を遂行するために支出した人件費，印刷費，会場の賃借料，講師への謝金など，事業に関する経費として特定できる経費。

> ●**Key word** 補助金
> 政府が私企業や個人などの民間部門に対して行う一方的な貨幣の給付。

> ●**Key word** フロー効果
> 生産，雇用，消費等の経済活動が派生的に創出され，短期的に経済全体を拡大させる効果。

> ●**Key word** ストック効果
> 整備された社会資本が機能することによって，継続的に中長期にわたり得られる効果。

（4）　社会課題の解決への貢献

　未来病院においては，四半世紀にわたる低給与からの脱却，急速に進行する少子化に伴う病院における人手不足，若年層の将来不安への対応，雇用形態や年齢，性別等を問わず生涯を通じて自らの働き方を選択でき，格差が固定化されない誰もが暮らしやすい包摂社会の実現，気候変動や新型コロナウイルス感染症の経験を踏まえた持続可能な医療提供体制の構築などに積極的に取り組みます。

　わが国の医療の時代の転換点ともいえる内外の構造的な課題の克服に向け，大胆な改革を進めることにより，新時代にふさわしい未来病院を創造していかなくてはなりません。

　こうした変化に対応した病院経営の変革を進め，社会課題の解決に向けた取組みそれ自体を成長のエンジンに変えることで，持続可能で包摂的な未来病院を構築し，裾野の広い成長と適切な分配が相互に好循環をもたらすモデルとなるべきです。

　四半世紀にわたり，病院経営は，常にデフレに守られてきました。病気やケガは基本的に景気とは関係なく発生し，命にかかわることなので，たとえお金に困っていても，病院に行かざるを得ず，デフレだからといって患者があまり減りません。診療報酬があるのでデフレには強いのです。

　国内ではデフレが続き，新興国とのコスト競争を背景に企業はコスト削減を優先せざるを得ず，国内市場よりも海外市場を求めて海外生産比率を高め，国内投資を抑制し，国内の給与も抑制されました。病院への投資も給与も抑制されまし

た。

●Key word　デフレ

デフレーションの略。一般物価水準の継続的な下落傾向。

　病院においても結果として，イノベーションの停滞，投資不足によって生産性は低迷しました。不安定な非正規雇用の増加や格差の固定化懸念，中間層の減少などの新たな課題からも影響を受けていました。

（5）「賃金と物価の好循環」はない

　これまで，日本ではほとんどの人が，実質給与とは関係なく働くことに慣れてしまっています。特に医療スタッフは，経営とは関係ない使命感で働くことが多いので，物価が上がっても給与は上がっていないことが多いようです。

　こうなると，経済が成長し続け，給与が上がり続け，消費・国内需要が持続的に拡大する「成長と分配の好循環」は分配の段階で挫折するのです。

　なんとかしないといけません。

　日本銀行は，賃金の上昇を伴うかたちで2％の物価安定の目標を持続的・安定的に実現しようとしていますが，給与が上がりません。診療報酬や人員基準があり，生産性が固定化する旧来の日本型マイクロマネジメント組織の病院においては決定的に難しいです。GDPで相当のシェアがある医療関係の給与（限界付加価値労働生産性）が上がらないことは問題です。労働集約型なので労働分配率は高いのですが，物理的労働生産性と診療報酬が低いので，給与は上がりません。物価が上がっても診療報酬は少なくともすぐには上がりません。

　大胆な金融政策，機動的な財政政策，民間投資を喚起する成長戦略を一体的に進めるという話もあります。病院経営においては光熱水費や原材料費などや金利，人件費などコストが上がります。サービス価格には転嫁できないので，とりあえずは生産性を上げるしかありません。長らく続いたデフレマインドを払拭しようとしていますが，病院経営はデフレに助けられていたところがあります。

　医療スタッフについては，低い給与で黙って働くことに慣れてしまっていましたが，物価上昇に合わせて給与が増えないと生活に困ります。

　期待成長率を高めることでデフレに後戻りしないとの認識を広く醸成し，デフレ脱却につなげていくとしていますが，物価が上がっても給与が上がらなければ消費が減るだけです。いずれ失速します。

そもそも，病院において成長戦略はほとんど進んでいません。物価や給与，分配に対する医療スタッフの関心はしらけきっているのです。

　未来病院しか突破口はないです。特にこれまでの日本型マイクロマネジメント組織に染まっていない医療スタッフに期待します。物価に関係なく，生産性を上げることで，給与を上げていくのです。そのためには，積極的な設備投資と人材投資を行うことです。

（6）　給与は未来への投資

　未来病院では，従来コストと認識されてきた給与を未来への投資と再認識し，人への投資を展開します。高い水準となる賃上げが病院でも必要です。構造的賃上げの実現を通じた賃金と物価の好循環へとつなげるきっかけとなるのは未来病院です。

　あわせて生産性向上のため，未来病院での設備投資を呼び水として民間投資を拡大させるわけです。患者とその家族の安心という社会課題を解決しながら，それを成長のエンジンとして持続的な成長に結びつけていくのです。病院に醸成されてきた高い投資意欲など，これまでの悪循環を断ち切る挑戦が確実に動き始めています。

　未来病院が上げた付加価値を構造的賃上げによって働き手に分配し，消費も投資も伸び，更なる経済成長が生まれるという「成長と分配の好循環」を成し遂げます。

　少なくとも，人口減少が加速するなか，効率化投資の促進と賃上げによって病院における構造的な人手不足の問題の克服に向けた取組みも進めるのです。省力化のための投資は賃上げと同時に行わないと意味がありません。

（7）　スタートアップの活用

　医療の産業構造の転換と改革を促進するのにスタートアップは有望です。しかしわが国では談合が新規参入を阻みます。

　医療分野のスタートアップは国内投資の誘発に有効で，病院の大きい利益・付加価値を実現させ，投資超過へのシフトを促していく可能性があります。

　病院は，労働集約型で生産性は低いのですが，就業人口が多いので付加価値が大きいです。診療報酬は安定しています。需要も景気とは関係なく安定しています。

医療分野では，政府による，DXの利活用を通じた行財政の徹底した効率化や無駄の排除，EBPM（証拠に基づく政策立案）などが多く，官民一体型の投資に関係するスタートアップの可能性が厚く存在します。

賢い財政支出（ワイズスペンディング）の視点からも，内部留保が少ないため，乗数効果や生産誘発効果は比較的大きいといえます。

デジタル社会に対応し大胆に変革を進めている分野でもあります。

（8）　持続可能な病院の構築

本格的な少子高齢化・人口減少時代を迎える歴史的転換期において，今後の人口動態の変化や経済社会の変容を見据えつつ，目指すべき病院の将来の方向を考えないといけません。未来病院はその中核です。

日本はすでに貧困への坂道を転げ落ちていますが，分厚い中間層の再形成に向け，安心できる医療を提供するため，これからも続く超高齢社会に備えて持続可能な病院を構築する必要があります。持続可能というのは，病院は絶対必要だが負担にもならないということです。コストパフォーマンスがよいということです。

現役世代の消費活性化による成長と分配の好循環を実現していくのは無理だとしても，病院の不断の改革により，ワイズスペンディングを徹底し，保険料負担の上昇を抑制することが極めて重要です。

このため，すべての世代で能力に応じて負担し支え合い，必要な医療サービスが必要な人に適切に提供されていく必要があります。最新の将来推計人口や働き方の変化等を踏まえたうえで，給付・負担の新たなあり方が求められます。

医療の提供体制については，今後の高齢者人口の更なる増加と人口減少に対応し，限りある資源を有効に活用しながら質の高い医療サービスを必要に応じて受けることのできる体制を確保する必要があります。そのため，医療の機能分化と連携の更なる推進，医療人材の確保・育成，働き方改革，医療ニーズの変化やデジタル技術の著しい進展に対応した改革を早期に進める必要があります。

急速な高齢化が見込まれるなかで，病院間の連携，介護サービス事業者の介護ロボット・ICT機器導入や協働化・大規模化，保有資産の状況なども踏まえた経営状況の見える化を推進したうえで，賃上げや業務負担軽減が適切に図られるよう取り組むべきです。スタッフの働く環境改善に向けた取組みについては，現場で働く職員の残業の縮減や給与改善などを行うため，ロボット・ICT機器の導入や経営の見える化等による経営改善や生産性の向上が必要です。

3 | 孤立・孤独の社会問題にどう取り組むのか

　未来病院のミッションは患者やその家族に安心を与えることです。在宅医療における安心も重要です。

　人心浮薄の類には，日本の伝統文化などからくる旧来の価値観を基盤にすることがあります。家族のあり方は，女性の就業などによって大きく変化しています。

1　孤立・孤独は自己責任ではない

　未婚率の増加や核家族化の影響を受けて単独世帯が増加しています。単独世帯のすべてが孤立・孤独というわけではありません。

　いろいろな事情があります。結婚をしたけれども何らかの事情で離婚をしたとか，1人で生活することが楽だということで積極的に一人暮らしを選ぶ人もいます。

　一昔前，なにかモノを買おうとすれば，デパートとか商店街とかに行って買うというのが当たり前でした。しかし，いまや，通販ネットショッピングで，宅配便などで商品が届きます。スーパーで買うような食材などもいまや数時間から数十分前のネットでの注文で玄関に届きます。

　2040年には単独世帯の割合は約40％に達すると予測されています。特に，65歳以上の単独世帯数の増加が顕著です。

　孤立，孤独という問題は，本来は自己責任のはずです。孤立・孤独が問題になってきたのは，本来医療制度などを利用すべき人々が制度の存在を知らなかったり，手続きができなかったりして制度から漏れてしまうことがもはや無視できない社会問題になってきたからです。

　自己責任といっても，たとえば孤独死のような場合，その後の手続きや処置を誰がどのようにするかというようなことについて行政に任せきりになっているようなケースが多々見られるわけです。これは大きな社会的なコストです。

　住宅の価値が下がることも問題です。孤独死は事故物件化とか特殊清掃とか後始末のコストがなにかと高いので，家主は嫌います。いわゆる孤独死をおそれ，賃貸契約を断るケースが増えています。

　シニア向け住宅というような物件がありますが，保証人や身元引受人の存在も懸念要素です。

●**Key word**　単独世帯

世帯員が1人だけの世帯。

図表3−14　単独世帯の割合と世帯数

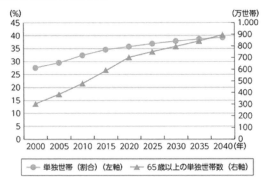

（出典）　https://www.soumu.go.jp/johotsusintokei/whitepaper/ja/h30/html/nd141110.html#:~:text=%E
6%9C%AA%E5%A9%9A%E7%8E%87%E3%81%AE%E5%A2%97%E5%8A%A0%E3%82%84,%E5%A2%
97%E5%8A%A0%E3%81%8C%E9%A1%95%E8%91%97%E3%81%A7%E3%81%82%E3%82%8B
%E3%80%82

●**Key word**　孤独死

自宅などで誰にも看取られずに死んでいくこと。

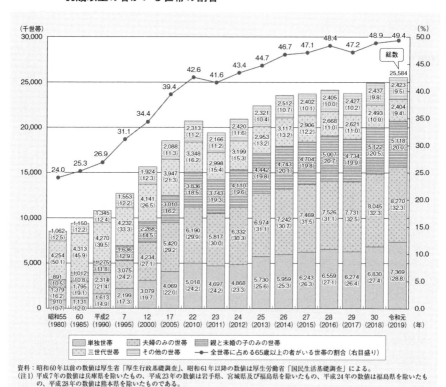

資料：昭和60年以前の数値は厚生省「厚生行政基礎調査」、昭和61年以降の数値は厚生労働省「国民生活基礎調査」による。
（注1）平成7年の数値は兵庫県を除いたもの、平成23年の数値は岩手県、宮城県及び福島県を除いたもの、平成24年の数値は福島県を除いたもの、平成28年の数値は熊本県を除いたものである。
（注2）（ ）内の数字は、65歳以上の者のいる世帯総数に占める割合（％）
（注3）四捨五入のため合計は必ずしも一致しない。

（出典）　https://www8.cao.go.jp/kourei/whitepaper/w-2022/zenbun/pdf/1s1s_03.pdf

2　孤独・孤立対策推進法

　孤独・孤立対策推進法が2024年4月に施行されます。

　本質的な問題は，ほんとうに孤独・孤立である人は，孤独・孤立であると声を上げることさえできないことです。そこで，自治体などが介入する必要があるのです。

　すでに自治体での孤独・孤立対策が本格化しています。官民一体での取組みが想定されていますので，今後民間企業の動きも活発化してくるでしょう。

　高齢者に関していうと，在宅医療と孤独・孤立は表裏一体です。在宅医療が充実していれば孤独・孤立は防げます。かかりつけ医機能とも関連します。

そういう意味では，この法律の最大の意義は，在宅医療が必要な人を在宅医療に取り込むことです。

こうした問題は以前からあったのですが，コロナ禍で深刻化・顕在化しました。コロナ禍は，地域医療構想・病床機能分化に伴う在宅医療の拡大要請を大きく促進しました。

図表3－16　孤独・孤立対策推進法の概要

趣旨

近時における社会の変化を踏まえ，日常生活若しくは社会生活において孤独を覚えることにより，又は社会から孤立していることにより心身に有害な影響を受けている状態にある者への支援等に関する取組について，その基本理念，国等の責務，施策の基本となる事項及び孤独・孤立対策推進本部の設置等について定める。

→「孤独・孤立に悩む人を誰ひとり取り残さない社会」，
　「相互に支え合い，人と人との「つながり」が生まれる社会」を目指す

概要

1．基本理念
　孤独・孤立対策（孤独・孤立の状態となることの予防，孤独・孤立の状態にある者への迅速かつ適切な支援その他孤独・孤立の状態から脱却することに資する取組）について，次の事項を基本理念として定める。
　① 孤独・孤立の状態は人生のあらゆる段階において何人にも生じ得るものであり，社会のあらゆる分野において孤独・孤立対策の推進を図ることが重要であること。
　② 孤独・孤立の状態にある者及びその家族等（当事者等）の立場に立って，当事者等の状況に応じた支援が継続的に行われること。
　③ 当事者等に対しては，その意向に沿って当事者等が社会及び他者との関わりを持つことにより孤独・孤立の状態から脱却して日常生活及び社会生活を円滑に営むことができるようになることを目標として，必要な支援が行われること。

2．国等の責務等
　孤独・孤立対策に関し，国・地方公共団体の責務，国民の理解・協力，関係者の連携・協力等を規定する。

3．基本的施策
・孤独・孤立対策の重点計画の作成
・孤独・孤立対策に関する国民の理解の増進，多様な主体の自主的活動に資する啓発
・相談支援（当事者等からの相談に応じ，必要な助言等の支援）の推進
・関係者（国，地方公共団体，当事者等への支援を行う者等）の連携・協働の促進
・当事者等への支援を行う人材の確保・養成・資質向上
・地方公共団体及び当事者等への支援を行う者に対する支援
・孤独・孤立の状態にある者の実態等に関する調査研究の推進

4．推進体制
・内閣府に特別の機関として，孤独・孤立対策推進本部（重点計画の作成等）を置く。
・地方公共団体は，関係機関等により構成され，必要な情報交換及び支援内容に関する協議を行う孤独・孤立対策地域協議会を置くよう努める。
・協議会の事務に従事する者等に係る秘密保持義務及び罰則規定を設ける。

施行期日

令和6年4月1日

（出典）　https://www.cas.go.jp/jp/seisaku/suisinhou/pdf/gaiyou.pdf

4　医療の輸出で付加価値を創出

　比較優位のある医療を輸出するということは付加価値の創造につながります。技術輸出もあります。

> ●Key word　技術輸出
>
> 技術等を利用する権利を，対価を受け取って外国にある企業や個人に対して与えること。

図表3－17　医療輸出

（出典）　https://www.meti.go.jp/policy/mono_info_service/healthcare/iryou/outbound/index.html

　現地生産や技術移転などは国内の付加価値にはなりませんが，海外の資金が日本の病院に入ることは国内の付加価値増加につながります。そのためにも，少なくとも資本に外から投資できるようにすべきです。

　インバウンドつまり患者を呼ぶということもあります。医療ツーリズムがその代表です。

　現在，貿易での稼ぎやすさを示す交易条件の悪化が止まりません。原油などの資源価格高騰，海外への所得流出は成長率を押し下げます。医療の輸出に期待がかかります。

●**Key word**　交易条件

輸出価格指数を輸入価格指数で除した比率。輸入価格に比して輸出価格が上昇（下落）する場合には，交易条件は改善（悪化）し，自国にとって貿易を行うことが有利（不利）となる。

　世界においては，ロシアによるウクライナ侵攻に伴う原材料価格の急騰，インフレ圧力と欧米各国の急速な金融引締めによる世界経済の下振れリスク，深刻さを増す世界規模での気候変動や災害問題など，課題が山積するなか，日本の医療は世界のトップレベルを維持しています。

　こうした状況のなかで国民負担の軽減とイノベーションの推進を両立して，国際展開に向け具体的な取組みを進める必要があります。

図表3－18　国際展開に向けた具体的な取組み

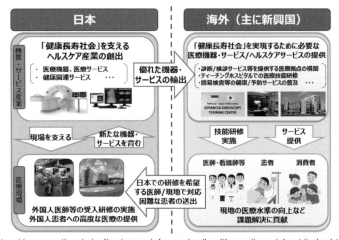

（出典）　https://www.meti.go.jp/policy/mono_info_service/healthcare/iryou/about/index.html

▶▶おわりに

　数年前，アイルランドの詩人の作品を翻訳したことがあります。しばらくとある書籍売上ランキングで1位を続けていました。

　表紙を描いてくれた神保町にオフィスのある女性画家に，私は訳した詩の意味をうまく話せたと思います。表紙を創作するにあたって，私の話を聞きたいということでした。この詩人が想像している宇宙が幸いにして私にはよく理解できたのです。その女性画家は，私の話をしばらく聴いていて，シンクロニシティ，偶然のように書店で同じ本を手に取ろうとしたのが中学の同級生だったりするようなことだと話すと，腕を組んでこういいました。

　「一度会った人には必ずまた会えるということですね！」

　「多くの場合，気がつかないだけです」

と私は答え，表紙はずいぶん締め切りを過ぎたあたりでできあがってきました。たぶんこの表紙が若い人の共感を得たのだと思います。

　ロンドンに暮らしていたときに，その詩人のゆかりの地を歩いてみて，ノーベル賞授賞式で大江健三郎さんをして自らを弟子とまでいわしめた，この20世紀の偉大な詩人の意味するところはただ「直観」であるとわかりました。

　「思い込み」は，今も繰り返される戦争や過ちの元凶です。研ぎ澄まされた人間性の直観の尊厳に期待します。

　この本を書いている途中で父が亡くなりました。人間はいつ死ぬかわかりません。明日かもしれません。だから，いうべきことはいっておくべきだと思いました。蓋棺録です。私は生き返らせることはできませんが，青々としたこの惑星に生を受けた意味を，もし次の世代と共感できるとしたら，これほど嬉しいことはありません。

　この本の出版に尽力くださった奥田真史さんには，原稿を早く渡して，何かあったら後を任せるつもりでいました。編集や印刷，デザイン，企画などにかかわっていただいたすべてのレベルの高いプロの皆様，経営幹部の皆様にも感謝申し上げます。中央経済社さんとは，何十年ものお付き合いですが，監査法人トーマツに勤めていたとき，改めて専門家のための専門書の老舗としての中央経済社さんの信頼の高さを実感しました。神保町の自社ビルにお伺いしたとき，世界に誇る日本人の繊細さと頭脳が集積された場所のように感じました。今回，出版の機会をいただいて，本当に光栄です。これからは営業の皆様，取次や書店の皆様に

もお世話になります。

　私は海外生活も長かったのですが，詩人がまた同じ街に生まれたいといっていたように，今後また生まれるなら日本がよいと思います。これほど，繊細で美しい文化を創造できる人々はいないと。ただ，これまでの日本の組織は嫌です。それでもこれまで，尊敬できる経営者（特に芸術に造詣が深い方）や教授，医師，官僚，記者の方などに何人かお会いできたのは幸運であったと思います。特に最近になって福澤諭吉先生の在野精神（ミッション・コマンド的）の意義を実感することが増え，慶應義塾に関わる諸先生，諸先輩後輩の方々にはただただ敬意を払わざるをえません。

　かつて道元禅師が書いた「正法眼蔵」をスティーブ・ジョブズが読み，その結果，研ぎ澄まされた「直観」がやがてiPhoneを生み出したように，直観的経営が，これまで組織によって失われてきた人間性を回復していくように，未来病院に希望を託したいと思います。

　海外の病院も実体験してきました。日本の医療レベルはおそらく世界一です。日本人の真面目さと繊細さのおかげです。ただ，組織風土や生産性は改善の余地があります。

　村上春樹さんの小説のなかに井戸の底に取り残される話が出てきます。これはそういうことなのだと思います。自力ではもう助からないわけです。それでも希望を抱かないと生きていけないわけです。

　私の住んでいる近くに海があります。サーフィンで風向きが変わると，雨で霧が立ったようになると，もう岸が見えなくなります。ベイズ確率で方向を決め，ノイズには耳を貸さず，信じてこぎ続けるわけです。そして，また同じことを繰り返すのです。

　それでよいのではないでしょうか。そういうことがすべてにおいて正しいのではないでしょうか。

　2024年1月

鎌倉の書斎にて

牛越博文

【著者略歴】

牛越博文（うしこし・ひろふみ）

慶應義塾大学経済学部卒。日本生命保険相互会社に入社後，ドイツ，オーストリア，イギリス駐在中に医療・介護関連の調査に携わる。日本生命退社後，厚生労働省所管（当時）の研究機構等に属しながら，中医協・診療報酬改定関連業務担当，早稲田大学エクステンションセンター講師を務め，テレビ朝日『ニュースステーション』（当時）等に出演。社会医療法人の経営企画部長，有限責任監査法人トーマツ（デロイトトーマツ）を経て，現在，医療経済・経営研究者，東京都登録講師派遣事業講師などを務める。
『よくわかる介護保険のしくみ』（日本経済新聞出版社），『医療経済学入門』（岩波書店），『これだけは知っておきたいドラッカー』（文藝春秋），『最新版 図解 介護保険のしくみと使い方がわかる本)』（講談社）などの著書がある。

（お問合せ先）bb54325432aa@gmail.com

未来病院プロジェクト
――生き残るための経営知識・診療報酬改定への対応

2024年3月25日　第1版第1刷発行

著　者　牛　越　博　文
発行者　山　本　　　継
発行所　㈱中　央　経　済　社
発売元　㈱中央経済グループ
　　　　パブリッシング

〒101-0051　東京都千代田区神田神保町1-35
電話　03 (3293) 3371 (編集代表)
　　　03 (3293) 3381 (営業代表)
https://www.chuokeizai.co.jp
印刷／文唱堂印刷㈱
製本／㈲井上製本所

©2024
Printed in Japan

＊頁の「欠落」や「順序違い」などがありましたらお取り替えいたしますので発売元までご送付ください。（送料小社負担）

ISBN978-4-502-49431-4　C3034

JCOPY〈出版者著作権管理機構委託出版物〉本書を無断で複写複製（コピー）することは，著作権法上の例外を除き，禁じられています。本書をコピーされる場合は事前に出版者著作権管理機構（JCOPY）の許諾を受けてください。
JCOPY〈https://www.jcopy.or.jp　eメール：info@jcopy.or.jp〉